Redescubriendo el poder del Nuevo Pensamiento en el siglo XXI

LA CIENCIA DE LA MENTE
DE ERNEST HOLMES

6 Lecciones Metafísicas para Desbloquear tu Potencial, Inspiradas por uno de los principales líderes del Movimiento del Nuevo Pensamiento

Neville Jung

Ernest Holmes

Edición original en español:
LA CIENCIA DE LA MENTE DE ERNEST HOLMES
Actualizado, recopilado y Traducido por Neville Jung

Primera edición octubre de 2024

Nota importante de exención de responsabilidad: Este libro ha sido elaborado con la intención de brindar información fundamentada en la investigación relacionada con el tema abordado; sin embargo, no debe considerarse como un consejo, terapia o guía profesional. No se garantiza la validez o precisión de los contenidos, y no se recomienda tomar decisiones o abstenerse de ellas basándose exclusivamente en la información presentada aquí. El propósito de los datos y herramientas proporcionados no es reemplazar a un experto calificado, sino ser utilizados bajo la supervisión de un profesional de la salud mental.

COPYRIGHT© Neville Jung

Contenido

Introducción 1

Ernest Holmes 3

El Movimiento del Nuevo Pensamiento 8

PARTE I: 15

La Ciencia De La Mente 15

    Tú Mismo 15

    Evolución del Pensamiento 16

    El Descubrimiento de La Mente 18

    Resumen 21

Parte II: Las Enseñanzas 23

    Conocimiento 23

    Descubriendo Las Leyes 24

    Prueba De La Mente 24

    Sugestión y Memoria 25

    Medio Mental Universal 26

Ley Mental	27
Trinidad Del Ser	28
Filosofía Que Guía El Pensamiento	30
Primera Lección: Espíritu Y Creación	32
Segunda Lección: Naturaleza Del Hombre	57
Tercera Lección: Curación Mental	81
Cuarta Lección: Alcance de la Ley	115
Plan de Manifestación	124
Sanar un Malentendido	126
El Destino	126
Atracción de la Personalidad	127
Ver la Vida Expresada	127
Mirar lo Último	128
Sin Errores	129
Causas y Condiciones	130
Acción Perfecta	130
Equivalentes Mentales	131
Ley de Correspondencia	134
Resumen	135
Quinta Lección: Misticismo	139
Evolución Continua	147
La Verdad Interior	148
La Respuesta Interna	148
Dios como Personalidad Infinita	149
La Unidad Suprema	149
Mantenerse en el Bien	150
Personalidad del Infinito	151

El Cristo Interior 151
Realización Espiritual 151
Práctica de la Meditación 152
Resumen 153
Sexta Lección: Fenómenos Psíquicos 155

Parte III: Artículos especiales 187
Absoluto Y Relatividad 187
El Problema Del Mal 188
El Significado De La Caída 189
El Universo Perfecto 191
Imaginación y Voluntad 192
Cómo Visualizar 194
Verdad Interior 198
Represión Y Sublimación 200
Psicoanálisis Y Autoanálisis 210
La Expiación 211
Nuestra Parte En La Expiación 213
El Poder de la Afirmación 215
Espíritu y Propósito 216
Camino de la Evolución 217
Meditaciones Diarias para el Bienestar 219

A Manera de Cierre 269

Introducción

Aún recuerdo con nitidez el momento en que las palabras de Ernest Holmes llegaron a mis manos. Se abrió ante mí un universo de posibilidades infinitas, donde los pensamientos se transforman en realidad tangible. Las enseñanzas de Holmes revelaron el poder creativo inherente en cada individuo.

Este libro no es simplemente una traducción de uno de sus trabajos, sino una reinterpretación moderna y actualizada de sus ideas revolucionarias. Mi objetivo ha sido capturar la esencia de su filosofía y presentarla de manera accesible y atractiva para el lector hispanohablante contemporáneo.

El enfoque de este texto está en las seis Lecciones Metafísicas de la Parte II. A mi juicio, representan una poderosa revisión del misticismo propio de la escuela del Nuevo Pensamiento. Estas lecciones han sido revisadas para ser redescubiertas y aprovechadas por una audiencia moderna. Incluso, he incluido un resumen al final de cada lección para anclar y asimilar mejor los conceptos presentados.

A diferencia de otras ediciones en español que pueden resultar densas o impersonales, he procurado sintetizar los conceptos cuando es necesario para facilitar su comprensión. Un estilo directo que va al grano, evitando palabras superfluas, permite sumergirse plenamente en la sabiduría transformadora de Holmes.

Las lecciones aquí presentadas son de inmensa potencia para quienes compartimos la convicción de que somos los creadores de nuestra propia realidad y que todo nos llega de manera perfecta. Este concepto, que he explorado en varios de mis libros previos sobre el Nuevo Pensamiento, encuentra su máxima expresión en las enseñanzas de Holmes.

Neville Jung

Ernest Holmes

Ernest Shurtleff Holmes, nacido el 21 de enero de 1887 en Lincoln, Maine, surgió de orígenes modestos para convertirse en una figura clave en el movimiento del Nuevo Pensamiento. Conocido por su profunda influencia en la filosofía espiritual, Holmes dejó un impacto duradero a través de su obra, La Ciencia de la Mente. Era el menor de nueve hijos nacidos de William Nelson Holmes y Anna Columbia Heath. Creciendo en una granja rural, estaba rodeado de naturaleza, y este entorno dio forma en gran medida a su visión de la vida. La belleza y simplicidad de los paisajes de Maine inspiraron una profunda creencia en la conexión entre todos los seres vivos, un concepto que jugaría un papel central en sus enseñanzas posteriores.

Holmes tenía una fuerte curiosidad intelectual desde una edad temprana, y aunque su educación formal era limitada, nunca dejó que eso lo detuviera. Después de dejar la escuela a los 15 años, buscó el conocimiento por su cuenta, convirtiéndose en un ávido estudiante de filosofía, religión y ciencia. Entre sus mayores influencias estaban Ralph Waldo Emerson y sus ideas sobre la bondad inherente de las personas y la naturaleza, y Thomas Troward, cuyas conferencias sobre ciencia mental ayudaron a dar forma a la filosofía emergente de Holmes.

En 1908, Holmes se mudó a Boston, donde trabajó en varios empleos mientras continuaba educándose. Fue aquí donde se encontró con la Ciencia Cristiana, un movimiento iniciado por Mary Baker Eddy. Aunque estaba intrigado por su enfoque en la curación espiritual, Holmes buscaba un enfoque menos restrictivo y más inclusivo. Su deseo de una comprensión más amplia finalmente lo llevó a California en 1914, donde su hermano Fenwicke ya vivía. La vibrante atmósfera del sur de California era una combinación perfecta para sus ideas en evolución. Holmes y Fenwicke comenzaron a dar charlas informales sobre metafísica, atrayendo rápidamente a un grupo de seguidores interesados en enfoques espirituales alternativos.

Holmes exploró una amplia gama de tradiciones religiosas y filosóficas, desde el hinduismo y el budismo hasta el pensamiento griego y romano antiguo. Se sintió particularmente atraído por la idea de una Mente Universal, un concepto que se convertiría en central para su filosofía. Él veía esta conciencia unificadora como la fuerza detrás de toda la existencia, con los individuos íntimamente conectados a ella.

En 1919, Holmes publicó su primer libro, Mente Creativa, donde esbozó el concepto del potencial creativo de la mente. Alentado por su recepción positiva, expandió aún más sus ideas en La Ciencia de la Mente en 1926. Este trabajo combinó elementos de psicología, filosofía y religión, ofreciendo una guía práctica para que las personas transformaran sus vidas cambiando sus pensamientos. Holmes creía profundamente en el poder de la mente para dar forma a la realidad. Enseñaba que al alinear los pensamientos con la Mente Universal, los individuos podían manifestar sus deseos y superar limitaciones, poniendo énfasis en la responsabilidad personal y la capacidad de cambio.

Una parte clave del trabajo de Holmes era su perspectiva inclusiva y universal. No estaba interesado en crear una nueva religión o dogma, sino en encontrar un terreno común entre varias tradiciones espirituales. Este enfoque hizo que sus enseñanzas fueran ampliamente accesibles y ayudó a construir una comunidad diversa de seguidores.

La vida personal de Holmes reflejaba las ideas que enseñaba. Además de superar una dolencia de garganta usando técnicas mentales, también ayudó a otros con la curación y el crecimiento personal. Se convirtió en un guía espiritual de confianza para muchos, incluyendo algunas figuras de alto perfil de Hollywood como Cary Grant y Cecil B. DeMille. A medida que su popularidad crecía, Holmes fundó el Instituto de Ciencia Religiosa y Escuela de Filosofía en Los Ángeles en 1927. Esta institución más tarde evolucionó a la Iglesia de la Ciencia Religiosa, que continuó difundiendo sus enseñanzas mientras mantenía su enfoque en la espiritualidad práctica en lugar del dogma rígido.

Además de La Ciencia de la Mente, Holmes publicó varias otras obras influyentes, incluyendo Mente Creativa y Éxito (1919) y Esta Cosa Llamada Tú (1948). También fue activo como orador público y, en la década de 1950, presentó un popular programa de radio llamado "Esta Cosa Llamada Vida", que le permitió llegar a aún más personas.

Un aspecto fascinante de la filosofía de Holmes era su visión de la relación entre ciencia y espiritualidad. Creía que los descubrimientos científicos emergentes, particularmente en física cuántica, estaban comenzando a validar las verdades espirituales que él había enseñado durante mucho tiempo. Esta idea de que la ciencia y la espiritualidad podían trabajar de la mano era un tema recurrente en su trabajo y reflejaba su creencia en una realidad unificada.

Holmes también era un defensor del cambio social. Creía que los principios de la Ciencia de la Mente podían aplicarse para abordar problemas sociales, particularmente cuestiones de desigualdad e injusticia. Habló en contra del racismo y enfatizó la importancia de reconocer la divinidad en cada persona, lo que creía podía conducir a un mundo más armonioso.

A pesar de su creciente influencia, Holmes permaneció humilde, prefiriendo ser visto como un guía en lugar de un gurú. Enfatizó que sus enseñanzas no se trataban de seguir a ningún líder, sino de empoderar a los individuos para descubrir sus propias verdades espirituales.

Holmes falleció el 7 de abril de 1960, pero su influencia continuó creciendo. La Iglesia de la Ciencia Religiosa se fusionó con otras organizaciones similares para formar los Centros para la Vida Espiritual, que todavía tienen una presencia global hoy en día. Sus ideas han inspirado a innumerables personas y han encontrado su camino en los movimientos modernos de autoayuda y desarrollo personal, incluyendo la popular Ley de la Atracción. El trabajo de Holmes no solo se trataba de pensar positivamente, sino de tomar acciones prácticas basadas en principios espirituales.

El trabajo de Holmes ha tenido una influencia duradera en la espiritualidad y la psicología, y su legado perdura en la continua relevancia de sus enseñanzas. Su creencia en el poder de la mente, su énfasis en la interconexión de toda la vida y su enfoque práctico de la espiritualidad continúan inspirando a las personas hasta el día de hoy.

El Movimiento del Nuevo Pensamiento

El movimiento del Nuevo Pensamiento, que comenzó a finales del siglo XIX, ha tenido una influencia duradera en las prácticas modernas de superación personal y las ideas metafísicas. En su esencia, el Nuevo Pensamiento enfatiza que la mente tiene un gran poder para dar forma a la realidad, una creencia que surgió durante un período de rápido cambio social en los Estados Unidos, cuando la industrialización y la urbanización transformaron la vida de las personas. Muchos buscaban significado y empoderamiento en este nuevo panorama, y el Nuevo Pensamiento ofrecía una perspectiva esperanzadora, fomentando la responsabilidad personal y la idea de que el pensamiento positivo podía conducir a cambios de vida transformadores.

Central para el Nuevo Pensamiento es la idea de una presencia divina benevolente y omnipresente, a veces referida como Inteligencia Infinita. Esta esencia espiritual, según sus seguidores, existe dentro de cada individuo, permitiendo a todos el potencial de conectarse con su naturaleza divina interior. Al reconocer esto, se considera que los individuos son capaces de crear salud, felicidad y prosperidad a través de sus pensamientos y actitudes mentales. La filosofía del movimiento se resume a menudo en la creencia de que nuestros estados mentales se manifiestan como nuestras experiencias diarias, afectando todo, desde nuestro bienestar hasta el éxito financiero.

Los orígenes del Nuevo Pensamiento están conectados con ideas anteriores, como el Mesmerismo, que exploraba cómo la mente podía influir en la salud física. Las teorías de Franz Mesmer sobre el "magnetismo animal" sentaron las bases para la conexión mente-cuerpo que el Nuevo Pensamiento ampliaría posteriormente. La influencia de filosofías orientales, como el hinduismo y el budismo, también comenzó a filtrarse en el pensamiento occidental en este tiempo, trayendo conceptos de interconexión y meditación, que se convirtieron en aspectos clave de las enseñanzas del Nuevo Pensamiento.

Entre las figuras más prominentes del movimiento en sus inicios estaba Emma Curtis Hopkins, quien fue muy influenciada por Phineas Parkhurst Quimby, a menudo considerado el verdadero pionero del movimiento. Quimby creía que la enfermedad se originaba en la mente y que cambiar los pensamientos de uno podía conducir a la curación, una idea revolucionaria que sentó las bases para el enfoque del Nuevo Pensamiento en la curación mental. Hopkins, a menudo llamada la "maestra de maestros", transmitió estos conceptos a muchos otros, incluyendo a Myrtle Fillmore, cofundadora de la Iglesia Unity, y Nona L. Brooks, una líder clave en la rama de Ciencia Divina del Nuevo Pensamiento. Estas mujeres fueron instrumentales en la difusión de la filosofía, proporcionando alternativas espirituales a las instituciones religiosas más tradicionales y dominadas por hombres de la época.

A medida que el movimiento se extendía, se fundaron varias organizaciones para promover sus ideas, como la Iglesia Unity, la Ciencia Religiosa y la Ciencia Divina. Cada uno de estos grupos interpretó los principios del Nuevo Pensamiento a su manera, pero mantuvo la creencia compartida de que el pensamiento podía dar forma a la realidad. Las comunidades que surgieron de estas organizaciones se convirtieron en lugares donde las personas podían buscar crecimiento espiritual, particularmente aquellos que se sentían alienados por marcos religiosos más tradicionales. El libro de Wallace Wattles La Ciencia de Hacerse Rico se convirtió en un texto clave, ofreciendo consejos prácticos sobre cómo manifestar riqueza a través del pensamiento enfocado y la visualización. Sus ideas hacían eco de las de pensadores anteriores como Ralph Waldo Emerson, cuya creencia en la autosuficiencia y el potencial individual influyó profundamente en el Nuevo Pensamiento.

Ernest Holmes, una figura fundamental en la expansión del movimiento, contribuyó significativamente con su texto fundacional La Ciencia de la Mente, publicado en 1926. Las enseñanzas de Holmes ayudaron a dar forma a la Ciencia Religiosa, que se convirtió en una de las ramas más influyentes del Nuevo Pensamiento. Él se basó en una variedad de fuentes, incluyendo filosofía, psicología y enseñanzas religiosas, para argumentar que el universo está gobernado por leyes espirituales que los individuos podían usar para mejorar sus vidas. Holmes creía que al entender estas leyes y enfocar la mente, las personas podían vivir vidas más plenas y prósperas. Su trabajo influyó no solo en el pensamiento religioso sino también en la industria de la superación personal, cimentando el lugar del Nuevo Pensamiento en la cultura moderna.

Aunque las contribuciones de Holmes son bien conocidas, otras figuras menos celebradas como Prentice Mulford también tuvieron un impacto considerable en el desarrollo del movimiento. El trabajo de Mulford, especialmente Los Pensamientos Son Cosas, exploró la noción de que los pensamientos tienen consecuencias físicas, un concepto que prefiguró lo que ahora se conoce como la Ley de la Atracción. La idea de que "lo semejante atrae a lo semejante" se convirtió en una piedra angular del pensamiento del Nuevo Pensamiento, influyendo en todo, desde prácticas de salud hasta estrategias financieras.

El movimiento no se limitó a los Estados Unidos; se extendió internacionalmente, especialmente a lugares como el Reino Unido, donde pensadores como Thomas Troward añadieron sus voces a la filosofía en crecimiento. Troward mezcló la teología cristiana con ideas metafísicas, contribuyendo a la profundidad intelectual del movimiento. Los principios del Nuevo Pensamiento también se cruzaron con varios movimientos sociales, incluyendo los derechos de las mujeres y los derechos civiles, ya que su enfoque en el empoderamiento individual resonaba con esfuerzos más amplios para combatir la injusticia social.

La crítica también ha seguido al Nuevo Pensamiento. Algunos argumentan que su énfasis en la responsabilidad personal puede llevar a culpar a la víctima, sugiriendo que los individuos son los únicos responsables de sus dificultades, incluso en situaciones donde los problemas sistémicos están en juego. A pesar de estas críticas, los proponentes sostienen que el enfoque del movimiento en el pensamiento y la acción trabajando en conjunto permite un enfoque más equilibrado de los desafíos de la vida.

La influencia del Nuevo Pensamiento puede verse en una amplia gama de prácticas modernas. El Poder del Pensamiento Positivo de Norman Vincent Peale y El Secreto de Rhonda Byrne se basan en gran medida en sus principios. Incluso campos como la Psicología Positiva comparten similitudes con el Nuevo Pensamiento en su enfoque en fomentar una mentalidad que promueva el bienestar y el crecimiento personal. La idea de que los pensamientos pueden afectar la realidad incluso ha encontrado un lugar en prácticas terapéuticas como la atención plena y las técnicas cognitivo-conductuales, que ayudan a las personas a ser más conscientes de sus pensamientos y emociones para crear un cambio positivo.

El trabajo de Ernest Holmes, junto con las contribuciones de innumerables otros, muestra cuán profundamente arraigado se ha vuelto el Nuevo

Pensamiento en varios aspectos de la vida contemporánea. Sus principios continúan inspirando a personas en todo el mundo a explorar su propia conciencia, alentándolas a creer en su capacidad para dar forma a sus experiencias y crear cambios significativos en sus vidas. El mensaje del movimiento sigue siendo tan relevante hoy como lo era en sus primeros días, ofreciendo un sentido de esperanza y empoderamiento en un mundo cada vez más complejo.

PARTE I:
La Ciencia De La Mente

Tú Mismo

Oh, corazón fatigado, llevando el peso y el cuidado de la tierra,

Oh, pies que tropiezan en el camino, sangrando y expuestos,

Oh, brazos extendidos y manos alzadas en oración,

Oh, espalda que tantas veces ha soportado el estrés,

Oh, alma que clama por una presencia viva,

Oh, vida que luchas por liberarte de las cargas;

Debes entender que no hay fuerza externa,

Responde a cada miedo y duda

Con un poder interno y divino que reside en ti;

Tú mismo, sobre ti mismo, podrás manifestar;

Dar, recibir y crear

En esa vida que tú mismo vivirás.

Evolución del Pensamiento

Si retrocedemos en la historia, llegamos a un tiempo donde el hombre no se conocía a sí mismo conscientemente. Solo existía el hombre instintivo, antes de que la conciencia de sí mismo evolucionara.

Es claro que el hombre actual es el resultado de un crecimiento y desarrollo. Para desarrollarse, necesitaba partir de algo, y siendo inteligente, evolucionó a partir de una causa inteligente.

El Hombre Instintivo representa esa fuerza interna, una vida invisible pero presente. Podríamos decir que esta Vida Instintiva es una manifestación divina en el hombre. Si es una idea de Dios, ¿por qué no es perfecta? La perfección está presente, pero al desarrollar la individualidad, debe dejarse descubrir por sí misma. Incluso Dios no podría crear una individualidad rígida. Al otorgar libre elección, se permite que el hombre haga su propio descubrimiento.

Desde que la Vida Instintiva permitió la autoelección, ha dejado al hombre solo para que se desarrolle. Aunque ha manejado las funciones automáticas del cuerpo y ha guiado silenciosamente sus acciones, ha dejado al hombre descubrir por sí mismo su perfección. La Vida Instintiva espera que el hombre entienda las leyes naturales y su conexión con el todo.

Del mismo modo que el hombre descubrió fuerzas naturales como la electricidad, debe descubrir sus propias fuerzas internas. Este desarrollo interno es lo que llamamos evolución personal.

El primer gran descubrimiento fue la capacidad de pensar. Al declararse "YO SOY", el hombre se convirtió en un individuo, responsable de su propio progreso. La Vida Instintiva siempre ha estado presente, esperando que el hombre exprese sus ilimitadas posibilidades.

El hombre evoluciona desde una base infinita, entendiendo que la Naturaleza trabaja a través de él. Este descubrimiento le permitió construir civilizaciones, utilizar la electricidad y transformar el mundo, aunque aún sentía una falta de plenitud.

A pesar de sus logros, el hombre sentía algo más, una intuición de algo mayor. Las ciudades caían, las naciones se desmoronaban y la muerte envolvía su existencia en incertidumbre. Este sentido interior lo impulsó a buscar respuestas más profundas.

La constante pregunta "¿Por qué?" reflejaba el sufrimiento del hombre. Solo unos pocos pudieron responderla, instándolo a conocerse a sí mismo. La Voz Instintiva le indicó que buscara en su interior la respuesta a la vida, marcando un nuevo camino en su evolución.

El Descubrimiento de La Mente

Responder a esta Voz interna llevó al hombre a descubrir la Mente. Inicialmente, pensó que pensar era automático, sin prestar atención a su verdadera naturaleza. Sin embargo, pronto comprendió que el cerebro no es quien piensa, sino que es el pensamiento lo que trasciende el cuerpo físico.

Un sabio reveló que el cerebro no es el que piensa; si lo fuera, podría seguir pensando sin él, lo cual no es posible. Así, el pensamiento debe originarse de una fuente invisible, similar a otras fuerzas naturales que no vemos directamente pero reconocemos por sus efectos.

Aunque no vemos al pensador, sus obras son evidentes. Sin un pensador, el cuerpo no podría moverse ni funcionar. Esto demuestra que hay una fuerza consciente detrás de cada acción física.

El descubrimiento implicó que sin el pensador, el cuerpo no podría enfermarse ni sufrir. La enfermedad surge cuando el pensador no está en sintonía, pero al reconocer la perfección del cuerpo, el hombre puede influir en su salud mediante sus pensamientos.

El hombre entendió que posee dos mentes: una consciente y otra inconsciente. La mente consciente maneja los pensamientos presentes, mientras que la subconsciente almacena y opera sobre ellos. Esta comprensión le permitió crear hábitos y cambiar su realidad mediante la sugestión positiva.

Al reconocer su perfección inherente, el hombre comenzó a pensar de manera diferente sobre sí mismo, observando cómo su cuerpo respondía positivamente. Comprendió que sus órganos reflejan ideas perfectas y que sus pensamientos pueden influir en su bienestar físico.

El hombre descubrió que existía una ley mental, similar a las leyes físicas, que regía sus pensamientos y resultados. Al pensar correctamente, podía influir conscientemente en su realidad, abriendo el camino hacia la felicidad y la abundancia.

El hombre entendió que ciertos pensamientos creaban enfermedades sin necesidad de pensarlos conscientemente. A través de la autoobservación, descubrió que podía sanar mediante el control de sus pensamientos, confiando en la perfección de su cuerpo y la sabiduría interna. Aprendió que podía pensar en los demás e influir en su bienestar, reconociendo una Mente Universal que conecta a todos. Este descubrimiento mostró que sus pensamientos pueden afectar no solo su vida, sino también la de quienes lo rodean. Entendió cómo los pensamientos colectivos pueden influir en la raza humana, creando estados de ánimo y condiciones. Al construir una "Protección Divina", aprendió a resguardarse de influencias negativas externas, fortaleciendo su capacidad de manifestar positivamente. Reconoció que la Ley Universal de la Mente puede sanar y transformar, pero solo para aquellos que creen en ella. Decidió enseñar esta ley a quienes desean sanar, confiando en que la verdad se difundirá con el tiempo. Reflexionó sobre la pobreza y la desigualdad, cuestionando por qué algunos son prósperos y otros no. Concluyó que el pensamiento individual crea las condiciones de vida, y que cambiando el pensamiento, se puede transformar la realidad económica y social. Comprendió que sus asuntos estaban dirigidos por el pensamiento a través de la Mente Universal. Al cambiar su pensamiento, podía transformar sus circunstancias, asegurando que hubiera abundancia para todos, ya que la vida es ilimitada.

Así, el hombre descubrió que podía controlar su vida mediante pensamientos positivos. Aunque algunos no creían, quienes lo aplicaron demostraron la efectividad de esta ley. La clave era enseñar y compartir esta verdad para que todos pudieran experimentar la sanación y la abundancia.

Las siguientes lecciones buscan enseñar a quienes creen cómo utilizar esta Ley. Cada individuo tiene el poder de cambiar su entorno y sanar su cuerpo, con la Naturaleza siempre dispuesta a apoyarlo. Al seguir la Ley, la vida revela su verdadera abundancia y felicidad.

Resumen

En esta primera parte, hemos explorado los fundamentos de la Ciencia de la Mente, comenzando con un viaje a través de la evolución del pensamiento humano. Desde los primeros instintos hasta el descubrimiento transformador de la Mente, el ser humano ha ido despertando gradualmente a su verdadera naturaleza y potencial. A medida que la conciencia se expande, se revela que el pensamiento tiene un poder creativo, y que la Mente Universal responde a nuestras creencias y afirmaciones.

Hemos visto cómo el hombre, al comprender las leyes mentales, puede influir conscientemente en su realidad, sanando enfermedades, superando limitaciones y manifestando abundancia. Esta comprensión nos lleva a reconocer nuestra unidad con la Mente Divina, y a asumir la responsabilidad de nuestras experiencias.

A través de esta exploración, se ha hecho evidente que el Espíritu, el Alma y el Cuerpo son aspectos interconectados de una misma realidad. El Espíritu es la Causa Primera, la Inteligencia Autoconsciente que impregna toda la Creación. El Alma es el medio receptivo a través del cual el Espíritu se expresa, dando forma a las ideas divinas. Y el Cuerpo es la manifestación física de este proceso creativo.

Así, llegamos a comprender que vivimos en un Universo Mental, gobernado por leyes precisas y receptivo a nuestros pensamientos. Al alinearnos con estos principios y mantener una actitud mental positiva, podemos convertirnos en colaboradores conscientes en la Creación, trayendo a manifestación nuestra naturaleza divina y experimentando una vida plena y armoniosa.

En esencia, la Ciencia de la Mente nos invita a reconocer nuestra verdadera identidad como expresiones individualizadas del Espíritu Divino, y a asumir nuestro poder inherente para sanar, crear y transformar nuestras vidas y el mundo que nos rodea. Con este entendimiento, nos embarcamos en un viaje de autodescubrimiento y realización, despertando al potencial ilimitado que reside en cada uno de nosotros.

Parte II: Las Enseñanzas

Al compartir estas enseñanzas sobre el Poder de la Mente, mi intención es que cualquier persona que se dedique a estudiarlas pueda comprobar las verdades que se presentarán. Puede ser complicado plasmar en palabras una enseñanza completa sobre la Ciencia Mental de manera sencilla; sin embargo, esto es aplicable a cualquier ciencia, y la Ciencia de la Mente no es una excepción.

Conocimiento

El conocimiento se basa en hechos organizados alrededor de principios verificados. Todo lo que sabemos de una ciencia es que ciertos fenómenos ocurren bajo determinadas condiciones. Por ejemplo, la electricidad: aunque no la vemos, sabemos que existe porque la usamos; entendemos su funcionamiento y hemos descubierto cómo opera. Con este conocimiento, deducimos hechos sobre la electricidad y, aplicando estos principios, obtenemos resultados específicos. Nunca hemos visto la energía eléctrica, pero sabemos que existe porque proporciona luz, calor y movimiento.

De igual manera, no hemos observado directamente las grandes causas detrás de la vida, y quizás nunca lo hagamos; pero entendemos que estos principios existen porque los podemos utilizar.

Descubriendo Las Leyes

Generalmente, una ley se descubre por casualidad o por alguien que, tras una reflexión y observación cuidadosa, concluye que debe existir un principio determinado. Una vez descubierta una ley, se realizan experimentos para demostrar su validez y se recopilan hechos sobre ella, formando así una ciencia. A medida que se añaden y prueban más hechos, la ciencia crece y se acepta ampliamente, siendo utilizada por quienes la comprenden. Así han evolucionado todas nuestras ciencias, permitiéndonos utilizar fuerzas invisibles que antes solo se soñaban.

Prueba De La Mente

Esto también aplica a la Ciencia de la Mente. Nunca hemos visto la Mente o el Espíritu, pero nadie duda de su existencia. La vida misma es una prueba de ello; vivimos y, por lo tanto, tenemos vida. Aunque no hemos visto esta vida, sabemos que existe porque pensamos. Así, estamos justificados para creer que tenemos una mente y que vivimos.

Al observar cómo pensamos, notamos que tenemos pensamientos conscientes y que algo sucede con ellos después de pensarlos, como convertirse en recuerdos. Esto muestra que tenemos una parte más profunda de la mente, llamada subjetiva, que está justo debajo de lo consciente. Esta mente subjetiva es donde van nuestros pensamientos y de donde regresan como recuerdos. La observación confirma que esto ocurre siempre.

Además, se ha demostrado que la mente subjetiva construye el cuerpo y actúa sobre él a través del hombre instintivo, esa parte interna que hace que nuestro cuerpo funcione automáticamente sin esfuerzo consciente. En el inconsciente, hay un proceso que trabaja constantemente, cumpliendo todas las funciones corporales sin que tengamos que esforzarnos.

Sugestión y Memoria

Se ha visto que las sugestiones implantadas en el subconsciente se convierten en recuerdos y eventualmente se manifiestan en el cuerpo. Esto implica que la mente subconsciente construye el cuerpo y es el factor creativo en el ser humano. Diferentes tipos de pensamientos generan distintos resultados, mostrando que la mente subjetiva actúa según las sugerencias que recibe.

Aunque el hombre instintivo es perfecto, los pensamientos conscientes pueden interferir con su acción mediante sugestiones negativas, creando condiciones falsas en el cuerpo, como enfermedades. Sin embargo, los pensamientos conscientes también pueden eliminar estas memorias y sanar dichas condiciones.

Gracias a observaciones como estas, se ha desarrollado gradualmente una ciencia de la mente subjetiva, reuniendo numerosos hechos que hoy constituyen la ciencia de la vida subjetiva en relación con la curación mental.

Medio Mental Universal

También se ha comprobado que los pensamientos pueden transmitirse de una persona a otra, demostrando que existe un medio mental universal. Al igual que la radio transmite mensajes a través de un medio invisible, nuestros pensamientos utilizan un medio universal para comunicarse. Este medio parece estar presente en todas partes, apoyando la idea de una Mente Universal que facilita la comunicación de nuestros pensamientos, posiblemente la Mente de Dios.

Se ha observado que algunas personas pueden leer pensamientos sin que estos sean conscientes, lo que demuestra que el pensamiento utiliza un medio siempre presente y subjetivo. Esto sugiere que nuestra mente subjetiva utiliza algo universal, similar a cómo los mensajes de radio viajan a través de un medio universal. Esta creencia ha existido durante miles de años entre los pensadores más profundos.

Ley Mental

Así como entendemos las leyes que rigen la radio, debemos considerar la ley mental como la ley que regula la acción mental. Este medio mental, posiblemente la Mente de Dios, no es el Espíritu de Dios, ya que la Ley Mental opera automáticamente. La Ley Mental es simplemente una manifestación de la voluntad divina, una herramienta a través de la cual Dios actúa como una ley.

El ser humano posee una mente consciente, una mente subconsciente y un cuerpo, reflejando una naturaleza triple. La mente consciente controla la subconsciente, y esta a su vez controla el cuerpo. El hombre proviene de la Vida o de la Naturaleza, participando de su esencia, ya que lo que es verdadero para el todo también lo es para sus partes. El hombre, siendo algo, debe provenir de algo, que llamamos Dios.

Al estudiar la verdadera naturaleza del ser humano, entendemos la naturaleza de Dios, la causa primordial de la que surge el hombre. Dios, al igual que el hombre, es triple en su naturaleza: Espíritu (Autoconocimiento), Ley y Cuerpo (Resultado). Esta es la esencia de la "Trinidad". Dios, como Espíritu, representa el Ser Divino; como Ley, la forma en que actúa; y como Cuerpo, la manifestación de su obra.

Trinidad Del Ser

Una trinidad parece existir en toda la Naturaleza y la Vida: como la electricidad, su funcionamiento y su resultado (luz o movimiento). Todo en la vida implica una trinidad: la cosa, su acción y su operación. A través de la Trinidad de Dios y el hombre corre un Espíritu Autoconsciente, diferenciando al hombre de una creación meramente mecánica y permitiendo que Dios sea un Poder Autoconocedor.

En Dios y en el hombre hay un poder que utiliza la ley de manera consciente para objetivos específicos. En Dios, este conocimiento es total, mientras que en el hombre es más limitado. Jesús, el hombre más sabio, enseñó que Dios y el hombre son Uno en su verdadera naturaleza, lo que le otorgó su gran poder.

Recordemos que los sabios de todas las épocas han enseñado que detrás de todo hay una Causa Invisible. Al estudiar sus enseñanzas, vemos un hilo común de Unidad. Ningún pensador profundo ha promovido la dualidad. Las enseñanzas de la Unidad son fundamentales en las Sagradas Escrituras de Oriente y en nuestras propias enseñanzas. Movimientos modernos como la Ciencia Cristiana y el Nuevo Pensamiento se basan en esta Unidad, la cual la ciencia nunca ha contradecirá porque es evidente por sí misma.

Es indudable que existe una Causa Primera o Dios. La existencia de Dios es evidente por sí misma, y a lo largo de la historia, las personas han adorado a diversas deidades. Con el avance del pensamiento humano, la idea de Dios se ha ampliado, reflejando un entendimiento más claro de la vida y sus leyes.

En las primeras etapas del pensamiento humano, se creía en muchos dioses y demonios, una respuesta natural a las dificultades de la vida. Con el tiempo, se comprendió que debe existir una única Causa detrás de todo, ya que múltiples poderes harían que el universo se dividiera y no pudiera mantenerse unido. Aunque esta comprensión ha tardado en consolidarse, ahora se reconoce que solo una Unidad puede sostener el universo.

La creencia en la dualidad ha debilitado la teología y contaminado la filosofía con falsedades, dividiendo la ciencia y causando tristeza en muchas personas. En la teología, se ha creado la idea de un Dios y un diablo con igual poder, lo que ha desviado a muchos de su verdadera búsqueda de felicidad y seguridad. Este pensamiento dualista seguirá siendo abandonado a medida que se comprenda mejor la verdadera naturaleza de la Deidad.

La dualidad ha afectado negativamente a la filosofía, creando confusión y una falsa división entre el bien y el mal. Sin embargo, la verdadera filosofía siempre ha reconocido un Poder Unificado detrás de todo. Los grandes filósofos han abierto caminos hacia la verdad, enseñándonos que somos seres divinos con un propósito eterno.

La dualidad también ha afectado a la ciencia, dividiendo el universo en espíritu y materia. Sin embargo, la ciencia moderna está evolucionando hacia una comprensión unificada, reconociendo que la materia está en constante cambio y flujo, operando bajo una ley que respeta la voluntad divina.

El mundo está entendiendo que la realidad es más compleja de lo que parece, que la materia y la forma son manifestaciones de una vida consciente. La ciencia no explica esta vida, dejando esta tarea a la teología, y con el tiempo se verá si quienes manejan estos conceptos son los adecuados.

Filosofía Que Guía El Pensamiento

La filosofía siempre ha ido más allá de la ciencia, enfocándose en las causas mientras la ciencia se ocupa de los efectos. Ambas deberían complementarse para crear una teología de la realidad, donde Dios se manifieste nuevamente en la Creación.

Los pensadores de todas las épocas han reflexionado sobre la naturaleza del Ser Divino, llegando en su mayoría a la misma conclusión sobre la Realidad Última detrás de todas las cosas.

El reto ha sido explicar cómo una Causa Única puede manifestarse en múltiples formas sin romper la Unidad. Aunque el mundo está en constante cambio, una Causa Única que opera internamente lo hace evidente al comprenderse profundamente.

La Causa Última debe ser Única e Inmutable, operando internamente a través de la Voz de Dios, que es la Palabra de Vida. Esta Palabra mueve y crea, como se describe en las Escrituras: "En el principio era el Verbo..."

La Palabra de Dios es Ley, una manifestación consciente del Espíritu. Dios, como Espíritu, es Vida Autoconsciente, y su Ley es una fuerza que actúa sin necesidad de ser consciente, sirviendo como el medio a través del cual Dios opera.

Primera Lección: Espíritu Y Creación

La materia es eterna y se forma mediante leyes establecidas por la Palabra divina. La Creación es un proceso continuo donde el Espíritu opera sobre la materia, formando y reformando el universo. Este universo está compuesto por Espíritu, Alma y Cuerpo, reflejando una trinidad.

La Creación no es hacer algo de la nada, sino transformar la sustancia en forma mediante la ley divina. Esta actividad es eterna, manteniéndose siempre activa dentro del Espíritu, la Ley y la Materia, que son Uno.

De los tres atributos del Espíritu, solo el Verbo es consciente. La Ley es una fuerza y la materia es simplemente materia sin mente propia. La Ley actúa como una herramienta del Espíritu, que es el único consciente.

¿Qué representa la palabra de Dios? Debe referirse a la Conciencia Interna o al Auto-Conocimiento del Espíritu; al Pensamiento Divino. La palabra "pensamiento" parece abarcar más para nosotros que cualquier otra, ya que entendemos que el pensamiento es un proceso interior o una conciencia.

El Pensamiento Divino está detrás de todo lo que realmente existe. Dado que existen muchas cosas, debe haber innumerables pensamientos en la Mente Infinita. Es lógico pensar así, ya que una Mente Infinita puede concebir una cantidad ilimitada de ideas, dando origen a un mundo de multiplicidad. Sin embargo, este mundo múltiple no contradice la Unidad, porque todas las cosas múltiples residen en el Uno.

Aunque pueda haber confusión en las mentes humanas, el Pensamiento Divino no se confunde. Así, tenemos un universo que refleja las Ideas ilimitadas de una Mente Infinita, sin error alguno. Poseemos un Mundo Cósmico y una Creación sin fin. Este es el significado interno de "Mundo sin fin". La Creación siempre existió y siempre existirá. Las cosas pueden aparecer y desaparecer, pero la Creación persiste eternamente, porque es la expresión del Pensamiento Divino. Este concepto es maravilloso, ya que asegura una constante manifestación de Ideas Divinas. No hay razón para temer que esto termine; no puede dejar de existir mientras Dios exista, y como Dios es eterno, siempre habrá manifestaciones.

El universo está lleno de acción y energía vital. Aunque solo interactuamos con partes, de estas podemos apreciar la naturaleza del Todo. "No se ha dejado sin testigos". La ciencia moderna confirma muchas ideas que los grandes pensadores de antaño ya habían previsto. Una de ellas es que la materia está en constante flujo, similar a un río que se mueve hacia adentro, hacia afuera y hacia adelante. Este flujo es impulsado por una fuerza invisible que la ciencia identifica como la Voluntad y el Propósito del Espíritu, conocido como el Verbo. Todas las cosas fueron creadas por el Verbo.

Espíritu

Consideramos al Espíritu como el Principio Activo y único Autoconsciente. Definimos al Espíritu como la Primera Causa o Dios; la Esencia Absoluta de todo lo que existe. También se le conoce como el gran YO SOY o el Universal. Cuando Moisés preguntó a Dios quién debía decir a los Hijos de Israel que le había enviado, la respuesta fue: "Así dirás: YO SOY me ha enviado a vosotros". "YO SOY" es una afirmación absoluta. El Espíritu es Mente Consciente, el Poder que se conoce a sí mismo, consciente de su propio Ser. Es Auto-Propulsor, Absoluto y Todo. Es Auto-Existente y posee toda la vida en sí mismo. Es el Verbo, y el Verbo es voluntad. Tiene elección porque es Voluntad; es espíritu libre, sin conocer nada fuera de sí mismo ni algo diferente.

El Espíritu es el Dios Padre-Madre, el principio de Unidad detrás de todas las cosas. Los principios masculino y femenino derivan del Uno. El Espíritu encarna toda Vida, Verdad, Amor, Ser, Causa y Efecto; es el único Poder en el Universo que se conoce a sí mismo.

Alma

El Alma del Universo, no como opuesta al Espíritu, sino como el principio subordinado, siempre ha sido vista como el medio receptivo donde el Espíritu plasma sus pensamientos. Es subjetiva al Espíritu; lo subjetivo es siempre impersonal, neutro, plástico, pasivo y receptivo.

Donde hay una ley subjetiva, hay algo que debe recibir y actuar; por eso el Alma del Universo ha sido descrita como una "fuerza ciega que no sabe, solo actúa" y "El servidor del Espíritu Eterno a través de las edades". Es el medio del pensamiento, del poder y de la acción del Espíritu.

Dos Formas de Razonar

Existen dos tipos de razonamiento conocidos por la mente humana: inductivo y deductivo. El razonamiento inductivo busca la verdad mediante análisis, mientras que el deductivo parte de una premisa establecida, y va del todo a la parte. Por ejemplo, en el inductivo: "Veo que Juan y María son buenos, por lo tanto, Dios debe ser bueno". En el deductivo: "Dios es bueno, por lo tanto, todas las personas deben ser buenas". El razonamiento inductivo implica un análisis que lleva a una conclusión, por lo que solo Dios puede razonar deductivamente. En el Espíritu y el Alma del Universo, no existe el razonamiento inductivo, ya que el Espíritu conoce todo y el Alma debe aceptar sin rechazar.

Cuerpo

El Universo es la Gran Trinidad: Espíritu, Alma y Cuerpo. El cuerpo es el resultado de la objetivación del Espíritu. El Alma es el medio inmaterial y receptivo, la Materia primordial. El Cuerpo surge de la acción del Espíritu a través del Alma o Ley. Solo hay un Cuerpo del

Universo, visible e invisible, que incluye todos los cuerpos menores y el cuerpo humano. "Ahora son muchos miembros pero un solo Cuerpo".

El Espíritu es el Ser Absoluto con autoconocimiento y voluntad. El Alma no tiene voluntad, solo ejecuta lo que se le da. El cuerpo es la unión del Espíritu con el Alma. Existe el Poder (verbo, ley y efecto), la Inteligencia (sustancia y forma), y el Principio Activo (receptividad pasiva y condición relativa). El Espíritu, el Alma y el Cuerpo del Universo son inmutables, excepto el Cuerpo, que siempre cambia.

Lo Inmutable

El Espíritu no puede cambiar porque es Todo. El Alma no puede cambiar porque es Sustancia y Ley Universal; la energía y la sustancia son eternas. Aunque el Cuerpo cambia continuamente, esto representa la actividad eterna del Espíritu dentro de sí mismo. Crear no es hacer algo de la nada, sino el paso del Espíritu a la forma, una Creación perpetua.

Es esencial entender que el único Principio Activo es el Espíritu, la Vida Autoconsciente. Todo lo demás está bajo su voluntad. El Espíritu conoce su propio Pensamiento y Deseo, y se manifiesta sin esfuerzo o proceso consciente. El Alma y el Cuerpo son necesarios para que el Espíritu se manifieste y se autorrealice.

Causa y Efecto

Toda Causa existe en el Espíritu, y la Ley que ejecuta la voluntad del Espíritu es subconsciente. El cuerpo es solo un efecto, por lo que tanto la causa como el efecto son espirituales. En la semilla que el Espíritu deposita en el Medio Creador, está todo lo necesario para que la semilla tome forma. El Espíritu no piensa en métodos o procesos; lo que el Espíritu crea debe evolucionar naturalmente.

Unidad y Multiplicidad

Desde la Unidad, el Fondo Único de todas las cosas, a través de la Ley Única, que es el Medio del Uno, surge la multiplicidad sin contradecir la Unidad. Reconociendo una Inteligencia Infinita y una Ley Infinita dentro de ella, entendemos que no hay límites en la Creación. Vemos el mundo desde un solo plano, como materia dividida en muchos elementos, pero todos provienen de una sola sustancia. Si lo viéramos desde múltiples planos, veríamos mucho más. La ciencia sugiere que el éter es más sólido que la materia, permitiendo que existan múltiples formas dentro de una misma forma física. El Universo que percibimos es solo una fracción de su verdadera esencia.

Inmortalidad

Desde la perspectiva de la inmortalidad, podemos tener cuerpos dentro de cuerpos infinitamente. Cuando uno se vuelve inútil, otro ya está allí para sustituirlo. La desaparición física de Jesús tras su resurrección fue por la espiritualización de su conciencia, acelerando su mentalidad hasta desintegrar su cuerpo. Los planos no son lugares, sino estados de conciencia.

Es evidente que el Espíritu no conoce nada fuera de sí mismo; todo lo que conoce es una imagen mental definida, un concepto o una idea en su Conciencia. La Autoconciencia del Espíritu conoce la Ley dentro de sí misma. La Ley nunca puede negarse, solo puede actuar. Cuando el Espíritu deposita formas de su pensamiento en el Alma, estas deben manifestarse como cosas.

Formas

Al observar millones de formas diferentes, vemos que todas provienen de Una Sola Cosa. Esto nos obliga a aceptar que hay una causa específica, una Imagen Mental Divina, detrás de cada idea o cosa. En el mundo subjetivo hay un correspondiente en el mundo objetivo, y como el mundo subjetivo es receptivo, esta correspondencia comienza en la Inteligencia real. Por lo tanto, la Inteligencia es, en última instancia, todo en el universo.

A través del razonamiento, concluimos que el Espíritu no conoce nada fuera de sí mismo. La Verdad es lo que es; siendo infinita y completa, no puede dividirse. El Espíritu es Indivisible, Inmutable y Completo en sí mismo, abarcando Causa y Efecto, Alfa y Omega.

Voluntad

Solo hay un factor volitivo en el Universo: el Espíritu o la Mente Autoconocedora. Dios es Auto-Existente y no fue creado. La Ley es coeterna con Dios, al igual que la Sustancia. Dios crea formas eternamente. Vivimos en un universo de Sustancia Infinita y formas innumerables, movidas por la Inteligencia.

La mente tiene dos aspectos: consciente, como principio activo, y subconsciente, como principio pasivo. El cuerpo es el resultado del conocimiento del Espíritu a través del Alma. La materia no tiene inteligencia ni voluntad. La Ley es una Posibilidad Potencial Universal, movida por la Palabra, donde cada palabra crea su propia ley y matemática.

Todo pensamiento del Espíritu debe tomar forma. El Espíritu, siendo Vida Autoconsciente, siempre está poniendo en movimiento la Ley de su Ser, proyectando las formas de sus pensamientos y produciendo cosas. La creación siempre empieza pero nunca termina. Cada pensamiento de la Inteligencia activa un poder en la Ley para crear algo correspondiente.

Cuando consideramos todo pensamiento en el Medio Creador, el pensamiento de Dios y el del hombre son diferentes. Mientras el hombre piensa inductivamente y deductivamente, Dios solo piensa deductivamente. "Como él piensa en su corazón, así es él", reflejando cómo deja caer las formas de su pensamiento.

Dios no percibe la materia como nosotros; lo conoce como forma, no como tamaño. Es consciente de sí mismo como finalidad, no como espacio. Conoce su contorno definido, no como limitación. Es consciente de sí mismo como unidad, no como división.

Existe una gran diferencia entre un pensamiento consciente para una manifestación directa y uno sin intención de forma. El pensamiento entrenado es más poderoso que el no entrenado. Por eso, los pensamientos correctos pueden neutralizar los negativos. Reconoce la fuerza de tus pensamientos y maneja su intensidad.

Una Sola Mente

No existe una mente separada tuya, mía, suya o de Dios; solo hay una Mente donde todos vivimos y existimos. La Mente Consciente y el Espíritu son una misma entidad.

Las cosas son ideas. No hay nada más que ideas para crear cosas. Al principio no hay nada visible, solo una posibilidad infinita, una Imaginación sin Límites, una Conciencia; la única acción de esta Conciencia es la idea.

Nuestra mente subjetiva es nuestra identidad en la Mente Infinita, el resultado de nuestras actitudes mentales. Es nuestra atmósfera mental, donde se retienen todas las imágenes, impresiones, tendencias heredadas y sugestiones raciales que aceptamos. Este es el Medio a través del cual todo nos llega.

Existe una Primera Causa con tres aspectos: Espíritu, Alma y Cuerpo, es decir, Causa, Medio y Efecto; Padre, Hijo y Espíritu Santo; Actividad Masculina, Actividad Femenina y Resultado.

No pienses en tres Dioses, sino en la Naturaleza Trina del Dios Único, la Causa Única. El Espíritu es la Inteligencia Absoluta y Autoconsciente. El Alma es el receptáculo de la Inteligencia, actuando siempre sobre ella. El Espíritu y el Alma están entrelazados, ambos omnipresentes. El Espíritu impregna al Alma, llenándola de Ideas Divinas.

El Cuerpo del Universo resulta del pensamiento del Espíritu, operando a través del Alma. Esta Trinidad se denomina Padre, Hijo y Espíritu Santo. El Padre es la Inteligencia Absoluta, el Hijo es su Vástago, y el Espíritu Santo es "el Siervo del Espíritu Eterno a través de las Edades". El Espíritu impregna el Alma con Ideas Divinas.

Ni el Espíritu ni el Alma del Universo pueden cambiar; lo que cambia es el Cuerpo del Universo. Planetas, personas y cosas pueden aparecer y desaparecer, pero la Sustancia de la que están hechas es inmutable.

Individualidad

La Individualidad surge del Universal. La Psicología enseña la personificación de esta individualidad, lo cual es cierto hasta cierto punto; pero la Metafísica la unifica con el Todo.

Existe una Naturaleza Universal del Hombre, inherente a él, que provoca la manifestación de su personalidad, es decir, El Espíritu Divino.

Nada Es Aleatorio

En el Universo, nada sucede por azar. Todo se alinea con la Ley, y la Ley de Dios es tan presente como su Espíritu. Esta Ley es una Ley Mental, pero detrás de ella está el Verbo. "Todas las cosas fueron creadas por Él, y sin Él nada de lo creado existe".

Nuestra existencia está regida por la Ley de nuestro Ser, y a través de esta Ley fluye nuestra palabra; porque "Todo lo que el Hijo ve hacer al Padre, también lo hace el Hijo".

Hoy en día, miles de personas están comenzando a comprender y aplicar esto, logrando resultados que llenarían innumerables libros. Muchas personas están utilizando el poder silencioso de la mente para sanar sus cuerpos y atraer prosperidad; la Ley siempre actúa según las creencias de quienes la utilizan. Así como el Universo es guiado por una Mente Infinita, la vida humana está controlada por el pensamiento; la ignorancia de esto nos mantiene esclavizados, mientras que el conocimiento nos libera.

Poco a poco, las personas explorarán la Verdad y la aplicarán, llegando el momento en que la enfermedad y la pobreza desaparecerán de la tierra, ya que nunca estuvieron destinadas a existir. Son simplemente consecuencias de la ignorancia, y solo la iluminación las eliminará.

El momento de la libertad ha llegado, la campana de la Libertad está sonando, y "Que venga quien tenga sed". Profundicemos en nuestra propia esencia y en la del Universo para descubrir tesoros inimaginables, posibilidades nunca antes vistas y oportunidades que el pensamiento positivo y la libertad nos han ofrecido desde siempre.

"Prueba ahora esto, dice el Señor de los ejércitos, y verás que abriré las ventanas del cielo y derramaré una bendición tan grande que no habrá espacio suficiente para recibirla".

Un Experimento Maravilloso

Sería un experimento fascinante vivir como si esta promesa fuera verdad; hablar, pensar y actuar como si un Poder Ilimitado nos acompañara en nuestro camino, guiando cada acción hacia la paz, salud, felicidad y armonía. Sin duda, vale la pena intentarlo, y con el tiempo, la comprensión hará que el camino sea claro, permitiéndonos ver su lógica y realmente comenzar a vivir. Nuestras vidas, fortunas y felicidad están en nuestras manos para moldearlas como deseamos, siempre que primero respetemos la Ley y aprendamos a usarla conscientemente. "Con todo lo que consigues, obtienes entendimiento", un antiguo dicho que hoy sigue siendo tan cierto como siempre.

Se ha enseñado siempre que el ser humano refleja la Naturaleza Divina; si lo hace, encontraremos en su naturaleza las mismas cualidades que creemos que están en la Naturaleza de la Vida misma.

Estudiar la naturaleza psicológica del hombre confirma la creencia en "La Trinidad" que atraviesa toda Vida. El hombre es consciente de sí mismo; lo sabemos porque puede decir "YO SOY". Este hecho por sí solo demuestra su derecho a la inmortalidad y a la grandeza. La psicología nos enseña que el hombre tiene una naturaleza triple: una mente autoconsciente, una mente subconsciente y un cuerpo. En metafísica, entendemos que estos tres son solo diferentes aspectos de la misma vida. La mente autoconsciente del hombre es el poder con el que conoce; por lo tanto, está unida al Espíritu de Dios; es, de hecho, su única garantía de conciencia.

Desde esta mente autoconsciente, el hombre puede reconocer su relación con el Todo; sin ella, sería inhumano y no Divino, pero al tenerla, debe ser Divino.

Solo la mente autoconsciente crea la realidad, la personalidad y la individualidad. Es la "Imagen de Dios", la esencia de la Filiación y la "Personificación del Infinito".

Reconocemos en la mente autoconsciente del hombre su Unidad con el Todo. Aunque una gota de agua no es el océano, contiene en sí misma todos los atributos de la inmensa profundidad.

La mente autoconsciente del hombre es el instrumento que percibe la realidad y conoce la Verdad. Toda iluminación, inspiración y realización deben venir a través de esta mente para manifestarse en el hombre. La visión, la intuición y la revelación se expresan a través de la mente autoconsciente; santos, sabios, salvadores, profetas y eruditos han percibido y proclamado este hecho. Todas las experiencias humanas, actos de bondad y misericordia, se interpretan a través de esta mente. Todo lo que sabemos, decimos, pensamos, sentimos, creemos, esperamos, tememos o dudamos es una acción de la mente que se conoce a sí misma. Tenemos recuerdos y emociones internas, pero solo la mente autoconsciente alcanza la realización. Sin esta capacidad de conocimiento consciente, el hombre no existiría como ser expresado; y, en efecto, no existiría en absoluto. La mente autoconsciente se manifiesta en cada pensamiento, obra o acto, siendo la única garantía de su individualidad.

Con todos estos hechos, sería insensato pensar que la mente autoconsciente del hombre es otra cosa que su percepción de la Realidad. Es su Unidad con el Todo, o Dios, en el aspecto consciente de la vida, garantizando que es un Centro de Conciencia de Dios en el vasto Todo.

Unidad Con La Ley

Decimos que en Espíritu, el hombre es Uno con Dios. Pero, ¿qué pasa con la gran Ley del Universo? Si realmente somos Uno con el Todo, debemos ser Uno con la Ley del Todo, al igual que con el Espíritu. La psicología confirma que esto es más que una fantasía. Las características de la mente subconsciente del hombre determinan su Unidad Subjetiva con el Universo de Vida, Ley y Acción.

En la Mente Subjetiva del hombre hay una ley que obedece su palabra, sirviendo a su Espíritu. La sugestión ha demostrado que la mente subconsciente influye en nuestro pensamiento sin cuestionar ni dudar. Es la ley mental de nuestro Ser y el factor creativo dentro de nosotros. No es necesario entrar en todos los detalles de la Mente Subjetiva y su funcionamiento; basta con decir que dentro de nosotros hay una ley mental, trabajando la voluntad y los propósitos de nuestros pensamientos conscientes. Esto no puede ser otra cosa que NUESTRO USO INDIVIDUAL DE ESA MENTE SUBJETIVA, QUE ES LA BASE DE TODA LEY Y ACCIÓN, Y ES "EL SERVIDOR DEL ESPÍRITU ETERNO A TRAVÉS DE TODAS LAS ÉPOCAS".

Por maravilloso que sea el concepto, también es cierto que el hombre tiene a su disposición, en lo que llama su mente subjetiva, un poder que parece ilimitado. Esto es porque es Uno con el Todo, en el aspecto subjetivo de la vida.

El pensamiento del hombre, al ingresar en su mente subjetiva, se fusiona con la Mente Subjetiva Universal y se convierte en la ley de su vida, a través de LA ÚNICA GRAN LEY DE TODA VIDA.

No existen dos mentes subjetivas. Solo hay una mente subjetiva; lo que llamamos nuestra mente subjetiva es realmente EL USO QUE HACEMOS DE LA ÚNICA LEY.

Cada individuo mantiene su identidad en la Ley mediante su uso personal; y cada uno extrae de la Vida lo que PIENSA EN ELLA.

APRENDER A PENSAR ES APRENDER A VIVIR, porque nuestros pensamientos van a un Medio que es Infinito en su capacidad de crear y existir.

EL HOMBRE, PENSANDO, PUEDE TRAER A SU REALIDAD LO QUE DESEE, SI PIENSA CORRECTAMENTE Y SE CONVIERTE EN UNA ENCARNACIÓN VIVIENTE DE SUS PENSAMIENTOS. Esto no se logra reteniendo pensamientos, sino CONOCIENDO LA VERDAD.

El Cuerpo

¿Pero qué ocurre con el cuerpo del hombre? ¿Es también uno con el Cuerpo del Universo? Analicemos brevemente la materia para entender su verdadera naturaleza. La materia no es sólida e inmóvil, sino una sustancia informe que fluye constantemente. Es tan indestructible como Dios, tan eterna como el Ser intemporal; no se le puede añadir ni quitar nada. Los cuerpos que tenemos ahora no han estado con nosotros siempre. Como dice Sir Oliver Lodge, desechamos muchos de ellos en nuestro camino, porque el material de nuestros cuerpos está en constante flujo. Al comprender esto, se abren nuevas perspectivas de pensamiento hacia la curación mental; más adelante discutiremos una técnica específica para este propósito.

La materia no es lo que pensamos; simplemente fluye tomando la forma que la Mente le da. ¿Qué pasa con la materia de otras cosas además del cuerpo? Es lo mismo: UNA SUSTANCIA DEL UNIVERSO TOMA DIFERENTES FORMAS Y SE CONVIERTE EN COSAS DIFERENTES.

Estados Últimos De La Materia

Un análisis profundo de la materia la reduce a un éter universal, dejando solo una materia sobre la cual operar.

En última instancia, la materia se compone de partículas tan pequeñas que simplemente existen. Es decir, desaparece por completo, y el espacio donde estaba vuelve a ser "sin forma y vacío". La materia, como la conocemos, es solo un conjunto de estas partículas organizadas de manera que crean formas definidas, determinadas por algo NO MATERIAL.

No hay diferencia entre las partículas que forman una cosa y las que forman otra; la diferencia está en su disposición.

Unidad De Todo Ser

Nuestros cuerpos son Uno con Todo el Cuerpo del Universo. Semillas, plantas, animales y humanos están hechos de la misma sustancia; minerales, sólidos y líquidos están compuestos de LA SUSTANCIA PRIMORDIAL QUE SIEMPRE FLUYE HACIA LA FORMA Y RETORNA AL VACÍO.

Lo Informe Y Lo Formado

Nada puede dar forma a la materia sin una inteligencia que opere sobre ella. Nuevamente volvemos al Verbo como origen de toda Creación: el Verbo de Dios en el Gran Universo, el Verbo del hombre en su pequeño mundo.

UN ESPÍRITU, UNA MENTE Y UNA SUSTANCIA; UNA LEY, MUCHOS PENSAMIENTOS; UN PODER, VARIAS MANERAS DE USARLO; UN DIOS EN QUIEN TODOS CONFIAN, Y UNA LEY QUE TODOS SIGUEN; UNO, UNO, UNO. NO PODRÍA HABER MAYOR UNIDAD QUE LA QUE YA TIENE LA HUMANIDAD.

Pero, ¿por qué el hombre está tan limitado? ¿Por qué aún enfrenta pobreza, enfermedad, miedo e infelicidad? Porque no conoce la Verdad; ese es el único

"Por qué". Pero, ¿por qué no fue creado para conocer la Verdad? La respuesta es que ni siquiera Dios podría crear un hombre real, es decir, una Expresión Personificada real de Sí mismo, sin otorgarle libertad para descubrirse a sí mismo. Este es el sentido de la historia del Hijo Pródigo y todo su significado.

Individualidad Significa Elección Libre

La individualidad implica verdadero ser individual y verdadera elección libre personificada. No podríamos imaginar una individualidad sin elección; pero, ¿de qué serviría la elección si no se pudiera manifestar? Sería solo un sueño que nunca se expresaría realmente. Una breve reflexión muestra que, si el hombre fue creado para expresar la libertad, debe descubrirse a sí mismo. Por supuesto, en el proceso tendrá muchas experiencias, pero al final se convertirá en un ser real.

El día en que el hombre se descubrió a sí mismo marcó el inicio de la historia humana en este planeta; desde entonces, ha crecido y progresado constantemente. Todas las fuerzas de la naturaleza lo acompañan en su camino, pero primero debe descubrirlas para poder utilizarlas.

El Gran Descubrimiento

El gran descubrimiento del hombre es que su pensamiento tiene poder creador; es decir, que utiliza el poder creador. Su pensamiento, por sí solo, no tendría poder a menos que funcione a través de un medio creativo. No necesitamos forzar a la Ley para que actúe; solo debemos usarla. La Ley de la Mente es como todas las demás leyes del Ser. Simplemente existe.

Una Unidad Completa

Ahora hemos descubierto una Unidad con el Todo en los tres aspectos de la vida o desde las tres formas de expresión. Somos Uno con toda la materia en el mundo físico, Uno con la Ley Creativa del Universo en el Mundo Mental, y Uno con el Espíritu de Dios en el Mundo Consciente.

¿Qué más podríamos pedir o esperar? ¿Cómo sería posible que se nos diera más? No podríamos pedir más, y no se nos podría dar mayor libertad. De ahora en adelante nos expandiremos, creceremos y nos expresaremos solo en la medida en que cooperemos conscientemente con el Todo.

Resumen

El desarrollo humano llega naturalmente a un punto donde surge la verdadera individualidad. A partir de ahí, cualquier progreso futuro depende de la colaboración consciente con la Vida. La naturaleza entera espera que reconozcas tu verdadero yo y siempre está lista para responder a tu voluntad, siempre que uses sus fuerzas respetando sus leyes.

La ciencia es el entendimiento de hechos basados en principios conocidos. El ser humano no crea, sino que descubre y utiliza. Así es como avanzan todas las ciencias. Vivimos en un Universo regido por Leyes, a través del cual fluye una Inteligencia Auto-Conocida. "Todo es Amor, pero todo está regido por Leyes".

La Ley ha hecho todo lo que puede por ti de forma automática. Te ha llevado al estado de individualidad y ahora debe dejarte solo para que descubras esto por ti mismo. Tienes el potencial de ser perfecto, pero el libre albedrío y tus propias elecciones pueden hacer que parezcas imperfecto. En realidad, todo lo que puede destruir es la encarnación de ti mismo, ya que la Chispa Divina siempre permanece intacta en el Hombre Instintivo.

Despiertas a la conciencia de ti mismo, encontrando ya una mentalidad, un cuerpo y un entorno. Poco a poco descubres una ley de la naturaleza tras otra hasta que logras dominar tu entorno al adquirir fuerzas naturales. En todas partes ves que la naturaleza sigue tus órdenes, en la medida en que entiendes sus leyes y las aplicas según tu ser; primero debes obedecer a la naturaleza, y entonces ella te obedecerá a ti.

Descubres tu capacidad de pensar y te das cuenta de que de tu interior surge una reacción a tus pensamientos. Comprendes que tu naturaleza es triple: puedes pensar conscientemente; tienes una mentalidad interna que influye en tus pensamientos; y tienes un cuerpo que es afectado por ellos.

Luego descubres que puedes pensar por otros, provocando una acción correspondiente en sus cuerpos y a través de ellos. Así, entiendes que existe un medio mental a través del cual actúan los pensamientos. Te das cuenta de que eres un centro pensante dentro de una Mente Universal.

Además, descubres que tus asuntos también están controlados por el pensamiento, y que puedes pensar por otros para ayudar en el control de tus asuntos.

Ahora entiendes que todo en el mundo visible es un efecto; que detrás de cada efecto hay ideas que son las verdaderas causas. Las Ideas Divinas son perfectas, pero tienes la capacidad de hacer que parezcan imperfectas. Mediante el pensamiento correcto, puedes descubrir la apariencia de imperfección y revelar la Idea Perfecta.

Tu idea de la Deidad evoluciona junto con tus otras ideas. Después de creer en muchos dioses, llegas a darte cuenta de que hay Una Mente y Un Espíritu detrás de toda manifestación.

Existe Un Espíritu o Vida Autoconsciente actuando a través de Una Mente o Ley Subjetiva, produciendo muchas manifestaciones. La multiplicidad surge de la Unidad sin romper la Unidad del Todo.

El Espíritu es Autoconsciente, pero la Ley actúa automáticamente bajo la voluntad del Espíritu, sin otra opción.

Como toda ley, la Ley de la Mente es una Fuerza Impersonal y, por su naturaleza, está obligada a actuar.

El Alma y la Mente Subjetiva Universal son el Medio Creativo de todo pensamiento y acción. El Alma es también la Sustancia del Espíritu; es decir, es la Materia no formada a partir de la cual evolucionan todas las formas.

El Espíritu, actuando sobre el Alma, crea; el Espíritu, el Alma y la Sustancia se entremezclan; cada uno está presente en todo. La Creación ocurre dentro del Espíritu y es el resultado de la Contemplación del Espíritu.

La creación es eterna; el cambio siempre sucede en lo inmutable; las formas aparecen y desaparecen en lo informe.

Dios piensa o se conoce a sí mismo; y como resultado de esta acción interna se manifiesta la Creación. La Creación es el juego de la Vida sobre Sí misma mediante la Autoimaginación Divina. El Espíritu debe crear para expresarse.

El Espíritu, la Vida, el Alma, la Sustancia, la Ley y la Unidad coexisten y son coeternos. Lo único que cambia es la forma.

La Vida crea cosas por sí misma convirtiéndose en lo que crea; no hay esfuerzo en el proceso.

La Mente Consciente y el Espíritu son lo mismo; representan esa parte de la Trinidad que es Auto-Conocimiento o Dios.

La Mente Subconsciente y Subjetiva, el Alma y el Medio Mental, la Subjetividad Universal o la Ley, todos significan lo mismo; representan esa parte de la Trinidad que actúa como Ley.

El Cuerpo, la Creación o el Universo manifestado, es simplemente el resultado de la Trinidad actuando como Ley.

El Cuerpo, la Creación o el Universo manifestado, es el resultado del Conocimiento del Espíritu a través de la Ley.

Solo un elemento es realmente autoconsciente y es el Espíritu. Tanto la Ley como la Manifestación actúan automáticamente y deben responder al Espíritu.

El Alma o Mente Subjetiva, la Sustancia o materia no formada y el Espíritu Consciente impregnan todas las cosas y a todas las personas. Hay una Inteligencia que actúa a través de todo, y todo responde a esta inteligencia.

Nunca se dirá con demasiada claridad que el Espíritu, o Inteligencia Consciente, es el único Principio Auto-Asertivo del universo. "El Espíritu es el poder que se conoce a sí mismo", y es el único poder que lo hace.

Todo lo demás está sometido al Espíritu. La única operación del Espíritu es a través de Su Palabra. El Verbo, actuando como Ley a través de la Sustancia, crea la Creación.

Segunda Lección: Naturaleza Del Hombre

En la primera lección, estudiamos la Carta Universal; ahora retomamos la carta individual. Todo lo que es verdad del Universo como un Todo también debe ser verdad del individuo como parte de este Todo. El hombre ha evolucionado a partir del Universo y es un centro autoconsciente y pensante del Espíritu Viviente y, como tal, debe reflejar el Universo en su naturaleza y ser. Esto es lo que Jesús quiso decir cuando dijo: "Como el Padre tiene Vida (Inherente) en Sí mismo, así ha dado al Hijo que tenga Vida (Inherente) en Sí mismo." Vida Inherente significa Vida real. Todo el Esquema Cósmico debe reproducirse en el plano del individuo, si es que existe individuo.

Debemos esperar encontrar en el hombre, por tanto, los mismos atributos inherentes que encontramos en el universo del que surge.

Empecemos por el plano objetivo: la materia o cuerpo, sin mente o inteligencia, no tiene voluntad; puede estar impregnado de inteligencia, pero no es inteligente. Es uno con el Cuerpo del Universo.

Ahora, ¿qué sabemos del alma? Recuerda lo que hemos dicho sobre las cualidades del Alma del Universo, y encontrarás todo representado en lo que se llama la naturaleza psicológica y subjetiva del hombre, porque nuestra mente subjetiva o subconsciente refleja todos los atributos de la Mente Universal. Al enfocarnos en el espíritu del hombre, descubrimos que es uno con el Espíritu de Dios; es decir, el hombre es un centro autoconsciente y pensante que elige, con una inteligencia individualizada, la Conciencia de Dios en el gran Todo.

Así, el hombre es uno con toda la materia en el mundo material, uno con el Alma del Universo en el mundo subjetivo, y uno con el Espíritu de Dios en el mundo consciente. Lo que llamamos nuestra mente objetiva o consciente es todo lo que sabemos de Dios y de la Vida. La mente objetiva es la mente espiritual que hemos estado buscando, aunque aún no está completamente desarrollada; de lo contrario, no habría mente para observar. La mente objetiva debe ser la mente espiritual del hombre, ya que es lo único que sabe que tiene vida y es consciente de sí mismo.

Todo el Espíritu está potencialmente concentrado en nuestra conciencia individual objetiva, pero aún no hemos evolucionado para comprenderlo completamente. Detrás de la mente objetiva está la mente subjetiva o alma, que es el medio a través del cual opera la inteligencia.

Solo existe Una Mente Subjetiva Universal o Alma; lo que llamamos nuestra mente subjetiva es simplemente nuestro uso de la Subjetividad Universal; nuestra mente subjetiva no es algo separado, sino nuestro lugar en la Mente Subjetiva Universal, y nuestro lugar en ella es el uso que hacemos de ella.

Poder Infinito

Al comprender que al enfocarnos en nuestra individualidad estamos interactuando con la Mente Auto-Consciente, y al tratar con la mente subjetiva estamos conectando con la Subjetividad Universal, reconocemos de inmediato que disponemos de un Poder inmenso, comparado con el cual la inteligencia humana es insignificante. La Mente Subjetiva Universal, completamente receptiva a nuestros pensamientos, se ve obligada por su naturaleza a aceptar y actuar según esos pensamientos, sin importar su contenido. Al tratar con un Poder Infinito que solo conoce su capacidad de creación y puede materializar cualquier idea que se le presente, no existen límites para lo que puede hacer por nosotros, excepto los que imponemos con nuestra propia mente. La única restricción reside en nuestro entendimiento y uso individual de este Poder. Nuestra capacidad para utilizarlo está determinada por nuestra habilidad para comprenderlo e incorporarlo. No podemos manifestar más allá de lo que podemos imaginar mentalmente; debemos tener una imagen mental clara de lo que deseamos para poder materializarlo.

La subjetividad es completamente receptiva y neutral, como hemos aprendido, y solo puede procesar nuestros pensamientos tal como los concebimos. No hay otra opción. Si digo: "Soy pobre" y continuo afirmándolo, la mente subconsciente inmediatamente confirma: "Sí, eres pobre" y me mantiene en esa condición mientras siga pensándolo. La pobreza, en este sentido, surge de un pensamiento limitante. Solo tratamos con pensamientos porque estos son cosas tangibles, y si el pensamiento es correcto, la situación lo será también. Un pensamiento positivo generará una situación positiva. Por ejemplo, si pienso en la pobreza año tras año, he establecido una ley que perpetúa esta condición. Mientras el pensamiento persista, la situación seguirá. Se ha activado una ley que afirma: "Soy pobre" y asegura que así sea. Inicialmente, esto es autosugestión, pero luego se convierte en una memoria inconsciente que trabaja constantemente. Este es el principio de la ley de atracción, ya que tanto la atracción como la repulsión son completamente subjetivas. Pueden comenzar de manera consciente, pero se vuelven subconscientes una vez activadas. Supongamos que no afirmara ser pobre, sino que inconscientemente tuviera ese pensamiento; mientras perdure, seguiría siendo pobre. Puede que no comprendiera la Ley, pero estaría funcionando continuamente.

Existe también una sugestión colectiva que dice que algunas personas son ricas y otras son pobres; por lo tanto, todos nacemos o venimos a este mundo con una tendencia subjetiva hacia condiciones negativas. Sin embargo, también existe una tendencia subjetiva hacia el bien supremo; a pesar de todas las circunstancias, la humanidad cree más en el bien que en el mal, ya que de lo contrario no existiría. Existe una creencia fundamental de que todo saldrá bien. Esta es la esperanza eterna y el propósito de la vida.

No importa el estado del alma o la condición subjetiva de nuestros pensamientos, el estado consciente puede transformarlo. Esto es lo que realiza el tratamiento. ¿Cómo es posible? Mediante el método más directo: saber conscientemente que no existe ningún estado subjetivo de pobreza, ninguna tendencia hacia la limitación heredada, ninguna sugestión colectiva que opere a través de la subjetividad; no hay nada que cree o acepte la limitación. El estado consciente debe aportar una forma superior de pensamiento. ¿Qué hace? Proporciona una realización espiritual, una conciencia autoconsciente que afirma: "Soy parte de la naturaleza y la generosidad del Bien Supremo, y ahora estoy rodeado de todo lo que hace que la vida sea valiosa". ¿Qué ocurre entonces? Este aspecto del Alma, este Medio Universal, cambia inmediatamente su pensamiento (ya que su pensamiento es únicamente deductivo) y afirma: "Sí, eres todas estas cosas". Todo lo que se mantiene en la conciencia hasta convertirse en parte del pensamiento subjetivo debe manifestarse en el mundo. Nada puede detenerlo. La razón por la cual no nos manifestamos más fácilmente es que el pensamiento objetivo frecuentemente es neutralizado por el subjetivo. Existe más temor a la pobreza que creencia en la riqueza. Mientras ese miedo persista, asegurará una condición limitada. Todo lo subjetivo debe materializarse. La materia es inmaterial, incognoscible y maleable en manos de la Ley o Mente; y la Ley o Mente Subjetiva, completamente no volitiva pero con inteligencia, está obligada por su propia subjetividad a recibir el pensamiento de la mente consciente, la única que puede elegir y decidir. Se deduce que cualquier cosa que la mente consciente mantenga el tiempo suficiente está destinada a manifestarse en el mundo exterior; nada puede detenerlo, ya que tratamos con la Ley Universal, conocida como el Principio Divino. Este Medio es donde vivimos, nos movemos y existimos en el ámbito subjetivo de la vida; nuestra atmósfera en la Subjetividad Universal; el medio a través del cual ocurre toda interconexión en todos los planos.

De lo expuesto, se deduce que cualquier sugestión mantenida en la Mente Creadora producirá su resultado lógico, sin importar cuál sea. Si es una sugestión de destrucción, destruirá; porque este es un campo neutral. Si es una sugestión de bien, construirá.

Cristo Y Anticristo

El Espíritu de Cristo representa una mentalidad que reconoce la Ley y la utiliza exclusivamente para fines constructivos. En contraste, el espíritu del Anticristo es el de individuos o grupos que, entendiendo la Ley, la emplean de manera destructiva. El significado de eventos como la inundación o diluvio (registrados en diversas escrituras sagradas) es que una raza de personas entendió psíquicamente la Ley como siervos del Espíritu. Comprendían que ellos mismos eran Espíritu, pero no entendían la Unidad armoniosa del Espíritu. Tenían un concepto intelectual claramente definido de la Ley, pero este conocimiento no fue usado para construir, sino para destruir. ¿Qué sucedió? La confusión creada en el mundo psíquico provocó su correspondencia física en forma de Diluvio.

Psique también significa "mar", y fue en este mar psíquico donde cayó Jonás. Este es el significado de la historia de Jonás y la ballena, y la razón por la cual en el Apocalipsis se dice: "No hubo más mar". No implica que la Ley será eliminada, sino que llegará el momento en que solo será utilizada para fines constructivos. El mal uso de esta Ley hoy se denomina "Mala Praxis". No tememos la mala práctica, porque solo puede ser ejercida sobre quien cree en ella. Si decimos a la Mente: "No existe la mala práctica", teniendo una sola Realidad Última, estamos libres de ella. "Contra tales no hay ley". Reconocemos a la Mente Subconsciente como el Gran Servidor de nuestro pensamiento. Es el Medio a través del cual opera todo tratamiento. ¿Cómo nos conectamos con esta Mente Subjetiva Universal, el Medio donde ocurren la curación y la manifestación? Nos conectamos con ella dentro de nosotros mismos y en ninguna otra parte. Está en nosotros, siendo Omnipresente. Lo llamamos nuestra mente subjetiva, pero es la Subjetividad Universal.

El Hombre En La Mente

El tratamiento mental reconoce que cada persona tiene su identidad en la mente y es conocida por su nombre. Esta Ley Subjetiva sabe que existe un Juan Pérez y una María Jones. ¿Por qué? Porque Juan y María saben que existen ellos mismos. Pero la Ley solo conoce de ellos lo que ellos saben de sí mismos. Siendo subjetivo a su pensamiento, no puede saber más; por lo tanto, todo lo que Juan y María dicen, la Ley lo acepta y lo hace realidad. Es un concepto maravilloso. A menos que lo hayamos pensado, puede parecer sorprendente, pero significa que la Ley nos acepta en nuestra verdadera esencia. No se trata de una suposición, sino de una valoración real. Solo puede reflejarnos nuestra verdadera encarnación. Nuestra convicción interior determina lo que sucederá. Cada uno es conocido por su nombre y diariamente afirma algo sobre él. Cuando dices "Yo soy esto o aquello", estás implicando en la Mente afirmaciones que la Mente luego produce como condiciones.

Tratamiento

En el tratamiento nos distanciamos completamente de la condición, porque mientras nos enfoquemos en una situación, no podemos superarla. Por eso el místico dijo: "Contemplad mi rostro para siempre". "Mirad hacia mí y salvaos, todos los confines de la tierra". Es decir, mira hacia arriba y no hacia abajo. Es inútil tratar un asunto personal, ya que el asunto es inmaterial. Lo que determina lo que será el asunto está en la Conciencia o Mente. Por lo tanto, debemos introducir en la Mente un concepto correcto del asunto, visualizándolo como queremos que sea; y una vez que lo visualicemos así el tiempo suficiente, será así. ¿Cuánto tiempo tomará? Hasta que el pensamiento subjetivo acepte el nuevo concepto como verdadero, o hasta que neutralicemos el concepto anterior.

Jesús tenía una gran comprensión y ofreció una clave para este entendimiento cuando dijo: "El Príncipe de este mundo no encuentra nada en mí". Esto significa que la sugestión colectiva no encontró correspondencia mental ni equivalente en Él. Su conciencia era tan clara que operaba directamente desde el Espíritu.

El Objetivo De La Evolución

El objetivo de la evolución es crear una persona que, en su pensamiento objetivo, pueda manifestar completamente la idea de la vida, llevando el concepto de Unidad a la particularización sin que nada de la Ley se lo impida. Jesús pudo convertirse en el Cristo porque, en su pensamiento objetivo, había una realización completa de la Unidad del Espíritu y la Absolutidad de su palabra. Sus facultades espirituales y psíquicas, su mente objetiva y subjetiva, estaban completamente equilibradas.

Es evidente que si esto sucediera en cualquier persona, su palabra se manifestaría de igual manera. Debe ser así, porque detrás de la palabra está el Alma Universal, la Ley Omnipotente. El Principio Divino es ilimitado, pero solo puede ser lo que creemos que es para nosotros. ¿Por qué debemos creer que lo es? Porque hasta que no lo creamos, lo veremos como no existente. Algunas personas no pueden demostrar la Verdad porque no se dan cuenta. Todo es una cuestión de creencia; pero la creencia se induce científicamente en un estado subjetivo mediante un esfuerzo consciente. El tratamiento es la ciencia de introducir en la Mente conceptos, aceptaciones y realizaciones de paz, equilibrio, poder, abundancia, salud, felicidad y éxito, según la necesidad.

¿Qué hace un practicante? Activa la Ley en la Mente Universal. Supongamos que María está enferma y Juan es un practicante. Ella acude a él diciendo: "Estoy enferma". Él, como metafísico, entiende que la Mente lo es todo; ella no lo comprende. Ella siente que está enferma, pero él sabe que toda enfermedad es mental. No intenta mantener un pensamiento sobre ella ni sugiere nada, porque eso no es tratamiento mental. Simplemente declara la Verdad sobre ella; pronuncia su nombre y dice: "Esta palabra es para ella; es perfecta; está bien". En otras palabras, contradice la aparente realidad y afirma la Verdad sobre ella. ¿Qué sucede? Se activa una ley en el lado subjetivo de la vida. Su palabra, operando a través del Mar Universal de la Mente (donde ambos existen), establece una ley que se materializa en su cuerpo como curación.

María cree que ha experimentado un milagro. Exclama: "Estoy curada. No tenía ni una pizca de fe, pero Juan me ha curado". No hubo ningún milagro; utilizó una ley que cualquiera puede usar si lo desea. Supongamos que María estuviera perfectamente bien pero quisiera un puesto de trabajo, el tratamiento sería el mismo. Juan indicaría en la Mente lo que debería suceder para María. Solo existe una Ley, y María podría demostrarlo por sí misma si lo comprendiera, pero primero debe verlo manifestado para darse cuenta. Este es el estado mental de la mayoría de las personas que buscan curación. No entienden lo que les afecta; creen que su estado se debe a causas externas. Sin embargo, se curan y exclaman: "Esto es algo maravilloso, aunque no entiendo cómo funciona". A menudo se vuelven supersticiosos ante lo que no comprenden; sin embargo, una vez que entienden la ley, la curación deja de ser un misterio.

La única razón por la que alguien tiene dificultad para superar una debilidad de carácter, a pesar de creer implícitamente en el Espíritu y tener fe en superar su limitación, es porque no ha introducido las imágenes mentales necesarias en la Mente. Si lo hubiera hecho, habría superado su problema; pensar en su debilidad mantiene la imagen de la misma ante él.

Al tratar, debes alejarte completamente de la condición. La enfermedad y la limitación no son ni persona, ni lugar, ni cosa; son simplemente imágenes del pensamiento. Vuelve completamente de la condición limitada a su opuesto: la salud, la felicidad o la armonía.

Métodos De Tratamiento

Aunque existen varios métodos de tratamiento, solo hay dos distintos: el argumentativo y el de realización. El método argumentativo es un proceso de debate mental en el que el practicante discute consigo mismo sobre su paciente. Así, presenta un argumento lógico a la Mente

Universal, o Principio Divino; y si ese argumento proporciona suficiente evidencia a favor del paciente, se supone que el paciente se curará.

El método de realización consiste en que el practicante se da cuenta dentro de sí mismo del estado perfecto de su paciente; es un proceso puramente espiritual y meditativo de contemplar al Hombre Perfecto; y si la idea se encarna realmente, producirá una curación inmediata.

El tratamiento tiene como objetivo inducir una realización interior de la perfección en la mentalidad del practicante, una realización que, actuando a través de la Mente, influye en el paciente.

Entre Juan y María existe un Medio Universal que también está presente en ambos; no solo está entre ellos, sino dentro de ellos. Como Juan conoce su propia ubicación (ya que solo hay Uno), también conoce la ubicación de María, porque su trabajo opera a través de un campo no dividido, sino como una Unidad completa o Todo, es decir, la Subjetividad Universal. Al conocer dentro de sí mismo, está activando la Ley, que opera a través de la persona a la que menciona en su tratamiento, sin importar dónde se encuentre el paciente. No existe un tratamiento ausente, en contraste con un tratamiento presente.

María debe tener conciencia de la salud antes de que la curación pueda ser permanente. Debe convertirse en parte de su pensamiento subjetivo. Si la conciencia no cambia, perpetuará las viejas imágenes de pensamiento y volverá a enfermarse; por eso, al tratar, las personas se curan temporalmente y luego se enferman de nuevo. No se curan de forma permanente a menos que se cure la conciencia.

Un tratamiento comienza y termina dentro del pensamiento de quien lo administra. El practicante debe hacer todo el trabajo internamente. Debe conocer la Verdad y, al hacerlo, activar la Ley. Una cosa que es conocida por cualquier parte de la Mente Universal es conocida por todas sus partes, ya que es un Todo Indivisible. Cuando se conoce en un lugar, se conoce en todas partes. Al dar un tratamiento, no envías un pensamiento, mantienes un pensamiento ni das sugerencias. Un tratamiento es algo positivo.

Si estás tratando a alguien como Juan Pérez, dices (si él no está presente): "Estoy tratando a Juan Pérez desde tal y tal lugar". Luego olvidas su personalidad y le das tu tratamiento. No es necesario especificar el problema. A veces, podrías mencionar algo para hacer una declaración en contra de ello, pero probablemente esa no sea la mejor manera. Claro que hay ciertos pensamientos detrás de ciertas cosas, y conocer la enfermedad podría ayudarte a saber mejor qué pensamiento eliminar.

Por ejemplo: María Jones acude a Juan Smith y le dice: "Tengo tuberculosis". En respuesta, él declara: "Esta palabra es para María Jones. Ella es una manifestación perfecta y completa del Espíritu Puro, y el Espíritu Puro no puede estar enfermo; por lo tanto, ella no está enferma". Este es un argumento que destaca la evidencia a favor de la perfección. Es un argumento que produce una cierta conclusión en la mentalidad de Juan Smith y, por lo tanto, activa una ley para María Jones. A medida que Juan hace esto, día tras día, se convence gradualmente de su perfección y ella se cura. Si pudiera hacerlo en un minuto, ella se curaría en un minuto. La curación no es un proceso, es una revelación, un despertar, una realización de la Vida. El hombre existe en la Mente Divina como una Imagen Perfecta, pero se cubre con imágenes distorsionadas de su propio pensamiento a lo largo de su experiencia mental.

Si usas el método de realización, di: "Esta palabra o pensamiento es para María Jones". Entonces comienza a realizar la Presencia Perfecta, la Única Presencia Perfecta. "Dios es todo lo que existe; no hay otra Vida". Pocas palabras, pero cada vez más una realización completa. Esto es muy poderoso, aunque no hay diferencia en el método utilizado, ya que producen el mismo resultado. Es buena idea combinar ambos métodos.

En el caso de un niño, el tratamiento debe ser el mismo. Tendrá un efecto acorde con la convicción absoluta del profesional. Pero en el caso de un bebé, que es subjetivo al pensamiento consciente de quienes lo rodean, hay que enseñar a esas personas a pensar en el niño de manera correcta; de lo contrario, podrían curarlo y luego su pensamiento volvería a enfermarlo.

En caso de fracaso, es probable que el problema resida más en Juan que en María, respecto a la curación inmediata. Sin embargo, las enfermedades son el resultado directo de ciertas actitudes mentales habituales que las personas mantienen, y a menos que se cambien esas actitudes, no habrá curación permanente. Es tarea del médico descubrir cuáles son esas actitudes y cambiarlas. También es tarea del médico mostrar a las personas por qué son como son y enseñarles a superar actitudes indeseables.

Al dar un tratamiento, te hablas a ti mismo sobre otra persona.

Debemos entender la idea de la Subjetividad Universal, la Potencialidad de todas las cosas, el Medio Creativo Divino. Este es el Principio a través del cual debemos demostrar la curación del cuerpo o de la afección; y actúa de manera exacta y matemática, porque es la Ley de causa y efecto.

Ley Subjetiva

Cuando piensas, lo haces desde la inteligencia consciente, o Espíritu. Podemos decir que el pensamiento se subjetiviza; es decir, pasa a la mente subconsciente. Pero, ¿qué es la mente subconsciente del ser humano? Es su atmósfera o vibración mental en la Subjetividad

Universal. No existe tu mente subjetiva y mi mente subjetiva como entidades separadas; esto sería dualidad. Pero sí existe el estado subjetivo de tu pensamiento y el mío en la Mente. Esto debe ser muy claro, ya que aquí es donde la psicología y la metafísica se diferencian; sus comprensiones son distintas. Al pensar, lo hacemos en un Medio Creativo Universal, una sustancia receptiva y maleable que nos rodea y fluye a través de nosotros. No pensamos que estamos pensando en Él o sobre Él; cuando pensamos, pensamos en Él y sobre Él; no hay otro lugar donde podamos pensar, ya que Él es Omnipresente.

A medida que cada uno se subjetiva en la conciencia, construye a su alrededor una atmósfera mental; nada puede entrar en ella a menos que lo permitas, a través de tu propio pensamiento. Este pensamiento puede ser consciente o inconsciente; en la mayoría de los casos es inconsciente, pero el estudiante de la Verdad está aprendiendo a controlar conscientemente el flujo de pensamiento que permite entrar en su mentalidad interna y creativa.

Pensamiento Y Medio Creador

El pensamiento es un movimiento interior que resulta de la percepción que tienes de la vida y de tu reacción ante ella. Cada vez que se produce este movimiento, ocurre dentro de la Mente, sobre la Causa, según la ley. Sin duda, tratamos con el mismo Poder que moldea los planetas y todo lo que hay sobre ellos; y el límite de nuestra capacidad para probar esto no está en el

Principio, sino en nuestra comprensión del mismo; en nuestra capacidad para incorporar dentro de nosotros una manifestación de nuestros ideales.

Se trata de una fuerza neutra, creadora, como lo sería la electricidad o cualquier otra fuerza natural. Está en un plano superior, pues es el poder de la inteligencia. A medida que piensas en esta Mente Universal, tu pensamiento, en su exteriorización, alcanzará su propio nivel, de la misma manera que el agua alcanza su nivel por su propio peso y sin esfuerzo. Esto está en consonancia con la necesidad; porque el Universo, para existir, debe ser Auto-Existente.

¿Qué significa la Autoexistencia del Universo? Significa un Universo que es su propia razón de ser; un Universo que existe por sí mismo, siendo Todo.

Cada uno de nosotros es hoy el resultado de lo que le ha precedido, consciente o inconscientemente, sea cual sea su condición. Al darnos cuenta de esto, estaremos mejor, porque veremos que, puesto que lo que ahora somos, o lo que ahora tenemos y experimentamos, es el resultado de lo que hemos pensado; la respuesta a lo que seremos está contenida en lo que ahora somos; porque podemos cambiar nuestro pensamiento.

El hombre piensa y cree que sus pensamientos son independientes. Pero no es así; porque el pensamiento se subjetiviza en la Mente, como una semilla plantada en el suelo; permanece allí, a menos que se neutralice, y decide la atracción y la repulsión en la experiencia de quien piensa. Hay una acción constante en el lado subjetivo de la vida; y es este proceso inconsciente el que decide lo que sucederá en la expresión externa.

Todo lo que piensas, actúas, crees, sientes, visualizas, ves, imaginas, lees, hablas, en realidad, todos los procesos que te afectan o te impresionan, entran en el estado subjetivo de tu pensamiento, que es tu uso individual de la Mente Universal. Todo lo que entra en el estado subjetivo del pensamiento tiende a volver como alguna condición.

Ley De Creencia

Jesús dijo: "Como has creído, así te sea hecho". Conociendo la naturaleza de la ley, no dijo: "Se te hará como quieras". Anunció la universalidad de la ley al afirmar: "Como has creído así se te haga".

Alguien puede decir: "No puedo imaginar que a Dios no le importe". Yo tampoco; pero tratamos con la ley. ¿A la ley de la electricidad le importa si cocinas la cena o quemas la casa? ¿Si electrocuta a un criminal o calienta los pies de un santo? Por supuesto que no. ¿Importa al impulso que impulsa a la gente expresarse si alguien se arrodilla en éxtasis o yace borracho en la cuneta? Se trata del derecho. Y se deduce que, puesto que tratamos con la ley, en última instancia nos devolverá los resultados de las fuerzas que ponemos en movimiento a través de ella. Por lo tanto, ninguna persona iluminada trataría de utilizar esta ley destructivamente; porque sabría que, tarde o temprano, el mismo poder que pone en movimiento acabará por destruirle. "Todos los que toman la espada perecerán con la espada". El Espíritu de Cristo es el espíritu que utiliza constructivamente la ley. El espíritu del Anticristo es el uso destructivo de la ley. El Espíritu de Cristo, alineado con la Vida Cósmica, siempre trascenderá, neutralizará, destruirá y borrará completamente el espíritu del Anticristo; y en última instancia, solo el Espíritu de Cristo puede tener éxito. "El que tiene oído, que oiga".

Ciclo De Necesidad Y Karma

El ciclo de la necesidad indica que todo lo que iniciamos mediante la ley, eventualmente nos regresa. Esta es la Ley Kármica, conocida como "La ley que ata al ignorante pero libera al sabio". Grandes maestros han enseñado esta ley. Jesús habló de ella al decir: "Como creíste, así te será hecho" y "El cielo y la tierra pasarán, pero mis palabras no". Isaías también la mencionó al afirmar que sus palabras nunca volverían vacías. Esta ley, también llamada "Principio Divino" o ley de causa y efecto, implica que una tendencia iniciada a través de la ley se manifestará en el nivel de la idea que la originó. No es una ley fatalista, ya que podemos cambiar nuestras corrientes subjetivas mediante pensamientos conscientes, lo que es la base del tratamiento.

Ley de Acción Y Reacción

Esta ley es básicamente causa y efecto, pero más accesible si la vemos como lo que pensamos y recibimos de vuelta. Se puede aplicar para objetivos específicos y, una vez iniciada, todo sigue su curso automáticamente. Podemos confiar en el Principio cuando entendemos su funcionamiento. Él lo sabe todo y puede hacer cualquier cosa, pero para que nos ayude, debemos permitirle actuar a través de nosotros. Este es el poder que Jesús mostró al marchitar la higuera y resucitar a Lázaro.

Pensamos y argumentamos en nuestra mente; si enfocamos nuestras creencias en la salud, seremos sanados. No es cuestión de sugestión o simple voluntad, sino de conocimiento. El agua no necesita querer estar mojada, simplemente lo es, y si entramos en ella, nos mojaremos. La vida no necesita fingir ser vida; simplemente existe como lo sabe. Así, argumentamos en la mente no para convencerla, sino para convencernos de que ya somos perfectos.

Existen debates sobre cómo usar correctamente este poder. Algunos dicen que no se puede abusar porque solo hay Una Mente que no puede actuar contra sí misma. Aquellos que entienden esto están protegidos de mal uso, pero si alguien cree en su mal uso, abrirá caminos para recibirlo, ya que solo recibimos lo que vibramos. Mal usar la mente significa usarla de manera incorrecta, lo cual no es permitido por quienes conocen la Verdad. Esto puede manifestarse en simpatía con la enfermedad, perpetuando problemas, o en pensamientos destructivos. Jesús enseñó a neutralizar estos pensamientos negativos, lo cual todos deberíamos intentar.

La Mente Subjetiva

La mente subjetiva puede deducir pero no iniciar nada por sí sola. No es menos inteligente; de hecho, es más sabia que nuestra mente consciente actual, aunque está controlada por ella. Si nuestra conciencia subjetiva siempre fuera clara, nunca cometeríamos errores ni experimentaríamos enfermedades o infelicidad.

En la esfera subjetiva, se forman los hábitos a través de pensamientos y deseos fuertes. Cuando un hábito parece inquebrantable, es porque el pensamiento detrás de él es demasiado potente. Para sanar un hábito, debemos neutralizar estos pensamientos.

La Ley como La Mente en Acción

Existe una Vida Infinita que opera a través de la Ley, que es mental. Estamos rodeados por una Inteligencia Infinita que impregna todo. Al proyectar nuestros pensamientos en esta sustancia, creamos lo que imaginamos, hasta donde nuestra mente puede concebir. No hay nada externo a nosotros; todo conocimiento viene de nuestro interior. Jesús dijo: "Conocerás la Verdad y la Verdad te hará libre", refiriéndose a este conocimiento interno.

Nuestra libertad nos ata porque nuestro libre albedrío crea condiciones que nos limitan, pero también puede eliminarlas. El Universo no puede negarnos nada; la misma fuerza que nos enferma puede curarnos, enriquecernos o hacernos felices. No existe dualidad real en el Universo.

Entender nuestra unidad con la Ley elimina la sensación de oposición. En vez de ver a alguien enfermo y sentir que debemos esforzarnos para curarlo, debemos concebir a esa persona como perfecta, permitiendo que la misma fuerza que la enfermó la cure. Pensar que estamos separados del Universo nos limita; todo lo que experimentamos proviene de nuestra propia mente.

Demostración del Poder Mental

Cuando tenemos la conciencia correcta, demostrar la ley es sencillo. Podemos demostrar la Verdad a pesar de nuestras debilidades, porque la Ley es imparcial. La posibilidad de demostrar depende de nosotros mismos, ya que el Universo responde a nuestras creencias.

El pensamiento es la fuerza que activa la ley. Al pensar, creamos una vibración en la Inteligencia que se manifiesta en la realidad. Todo en la materia es Espíritu en Forma y es inherentemente bueno. El pensamiento es una herramienta real que hace funcionar el Universo.

Tienes el poder de elegir qué pensamientos introducir en tu mente. Aunque no siempre veas cómo se manifestarán, confía en que el efecto seguirá a la causa. Tu trabajo mental debe enfocarse en lo que deseas ser y sentir, sin limitar al Principio. Al trabajar en perfecta paz y amor, te alineas con la Mente Infinita, que impulsa el amor.

Conoce y entrena tu mente para pensar y sentir lo que deseas. No limites al Principio; tu palabra es un anuncio de la realidad. Al dar un tratamiento, estás actuando dentro de la Mente Infinita. Si tienes miedo, medita sobre tu esencia hasta aclarar tu pensamiento. El pensamiento correcto elimina todo lo que no le parece, resolviendo problemas y trayendo claridad.

Resumen

En esta Segunda Lección, profundizamos en la naturaleza del hombre y su relación con lo Divino. Se nos revela que el ser humano es un reflejo microcósmico de la Naturaleza Divina, expresándose a través de tres aspectos fundamentales: la mente consciente, la mente subconsciente y el cuerpo físico.

La mente consciente es nuestra conexión directa con el Espíritu, la fuente de nuestra autoconciencia y libre albedrío. Es a través de este aspecto que podemos alinear nuestros pensamientos con la Verdad y transformar nuestra realidad. La mente subconsciente, por su parte, es el puente entre lo consciente y lo físico, el medio a través del cual nuestras creencias e impresiones mentales se manifiestan en el plano material.

Comprendemos que, en esencia, solo existe Una Mente Universal, y que nuestras mentes individuales son expresiones únicas de esta Mente Única. Al reconocer esta unidad fundamental, nos damos cuenta de que tenemos acceso a un poder ilimitado para crear y transformar nuestras vidas.

Sin embargo, también se nos advierte que este poder puede ser utilizado tanto para nuestro beneficio como para nuestro detrimento. La libertad y la esclavitud, la salud y la enfermedad, son en última instancia el resultado de cómo dirigimos nuestros pensamientos y creencias. Si nos alineamos con los principios universales de la Verdad y el Amor, atraemos experiencias armoniosas y enriquecedoras. Pero si permitimos que pensamientos negativos y limitantes dominen nuestra mente, creamos obstáculos y sufrimiento innecesario.

La clave, entonces, radica en cultivar una comprensión profunda de nuestra unidad con el Todo y en asumir la responsabilidad de nuestros procesos mentales. A través de la práctica consciente y la meditación, podemos despejar las creencias limitantes y sintonizarnos con nuestra naturaleza divina, convirtiéndonos en canales cada vez más puros para la expresión de la Inteligencia y el Amor Universal.

Tercera Lección: Curación Mental

La curación mental implica sanar la mente. La posibilidad de sanar enfermedades físicas mediante pensamientos positivos se fundamenta en la creencia de que estamos rodeados por una Mente Infinita que responde a nuestro pensamiento.

A lo largo de la historia, muchas personas han sido sanadas a través de la oración y la fe, lo que demuestra que vivimos en un Universo regido por Leyes y Orden. Estas Leyes no pueden ser violadas, por lo que la sanación observada es el resultado de alinearse con estas leyes universales. Pensar que Dios sanaría a una persona más que a otra sería atribuirle características humanas, lo cual no es adecuado. Es evidente que la oración efectiva implica una actitud mental de creencia profunda, lo que permite que la sanación ocurra de acuerdo con las Leyes Universales de la Mente.

No rechazamos ninguna forma de curación. Cualquier método que ayude a superar el sufrimiento es valioso, ya sea medicinal o espiritual. Apreciamos el trabajo de médicos y reconocemos que cada método tiene su lugar en el proceso de sanación. La vida humana se desarrolla en tres planos: físico, mental y espiritual, y es esencial considerar todos ellos. Creemos en una vida equilibrada que incluye una alimentación adecuada, ejercicio, y prácticas sensatas, sin excluir ningún aspecto.

Sin embargo, aunque valoramos todas las formas de curación, no permitiremos que otros cuestionen nuestra manera de entender la curación. Sabemos que la verdadera sanación proviene de la mente y el espíritu; hasta que no se sana el pensamiento, ninguna curación será permanente. Estamos dispuestos a colaborar con todos, pero mantenemos nuestra convicción sobre la importancia de una mente sana.

Entendemos que la salud es un estado mental más que físico. Al sanar la mentalidad de una persona, también se logra la curación de su cuerpo. Creemos que cada persona tiene una perfección inherente, y al descubrir esta perfección interior, se logra la verdadera curación.

La curación mental también debe ser espiritual, ya que ambas están interconectadas. La creencia en la dualidad ha generado sufrimiento, y solo al comprender la Unidad se puede lograr la sanación completa. Incorporamos esta comprensión en cada tratamiento, buscando siempre la conexión con lo divino.

Reconocemos que los pensamientos son poderosos y pueden influir en la realidad. Un pensamiento positivo y una creencia firme pueden transformar la causalidad y la sustancia de la vida. Los pensamientos negativos pueden enfermar, mientras que los pensamientos de salud y perfección promueven la sanación. La realización de la presencia divina es la fuerza curativa más poderosa. Para sanar, es esencial mantener pensamientos elevados y estar constantemente conscientes de ellos.

Utilizaremos los pensamientos más positivos disponibles y esperaremos sanar y ayudar a quienes lo soliciten. La mente dirige el pensamiento de manera consciente, alineándose con las Leyes Universales para producir resultados.

Aunque nuestra comprensión aún no es completa, utilizamos todos los métodos que puedan ayudar a la humanidad, esperando el día en que solo la Verdad responda a todas las necesidades. Un sanador mental se enfoca en la mente, permitiendo que el paciente utilice cualquier método que le beneficie, reconociendo que la conciencia de la Verdad es la única cura permanente.

Realidad de la Curación Mental

Todo lo que existe surge de una imagen de pensamiento sostenida por la Mente Universal. Dios mantiene al ser humano en un estado de perfección mental, aunque la individualidad permite que se desarrollen experiencias imperfectas. La mente consciente del ser humano es la que reflexiona y manifiesta su realidad a través de la contemplación divina.

El ser humano es una imagen divina con la capacidad de elegir y pensar, lo que le da individualidad. Sin embargo, esta individualidad no puede destruir la perfección inherente. Vivimos en un Universo de Amor y Ley, complementarios entre sí. Al recordar esta lección sobre la curación, entendemos que detrás de cada persona hay una Imagen Divina sostenida por la Mente Universal.

La naturaleza divina se manifiesta en el ser humano como mente y espíritu conscientes. Al contemplar y reflejar pensamientos en la Universalidad, la mente acepta y actúa sobre ellos, dando forma al cuerpo físico. Sin mentalidad, el cuerpo carece de conciencia y volición, volviéndose simplemente materia inerte.

Sanación a través de la Mente

La curación se logra al eliminar pensamientos falsos y permitir que la idea perfecta se refleje en el cuerpo. Al comprender que todo es mente, reconocemos que solo el pensamiento correcto puede curar de manera permanente. La curación mental y espiritual es la única forma verdadera de sanación.

El poder de la curación no está limitado por el Principio, sino por nuestra capacidad de concebir la perfección. Un pensamiento alineado con la divinidad es el más poderoso sanador. Por ello, no se puede separar la verdadera curación mental del trabajo espiritual, ya que el pensamiento perfecto genera una mayor sanación.

La Mente Consciente es el único actor real en el Universo y en el ser humano. Un tratamiento mental es una operación concreta que sigue las Leyes Universales. Al tratar a alguien, se induce un pensamiento de armonía y perfección en la mente del paciente, permitiendo que la Mente Universal refleje estas imágenes para sanar.

El hombre nace en un estado subjetivo de conciencia y se desarrolla hacia la objetividad. La perfección innata de los bebés se ve afectada por influencias externas, pero la verdadera salud proviene de reconocer y mantener la perfección interior.

La sugestión racial es una fuente significativa de enfermedad, ya que las tendencias subjetivas acumuladas de la raza humana afectan a los individuos receptivos. La mayoría de las enfermedades provienen de pensamientos negativos, emociones reprimidas y sugestiones raciales.

La enfermedad es una fuerza impersonal que opera a través de las personas. Reconocemos que solo la Verdad puede combatirla. Al comprender que la Mente es la única fuerza activa, nos armamos con pensamientos positivos para protegernos de influencias negativas.

La enfermedad se contagia mentalmente por sugestión, por lo que es crucial crear un ambiente de protección. Reconoce tu propia perfección y ayuda al paciente a hacer lo mismo, eliminando pensamientos negativos y afirmando la paz y la completitud.

Todo está en la Mente, y nada se mueve sin ella. La Inteligencia Universal actúa a través de pensamientos concretos. Comprender esto es clave para la curación mental, ya que todas las enfermedades operan a través de la Mente.

Enfermedad y Subconsciente

Toda enfermedad, para manifestarse en el cuerpo, debe comenzar primero como una imagen mental en la mente interna; debe ser subjetiva antes de volverse objetiva. "La enfermedad es una imagen de pensamiento que permanece en la mente hasta que surge en el cuerpo". Eso es todo. Aunque cada enfermedad es un efecto que tiene su origen en una causa subjetiva, en la mayoría de los casos, esa causa no es consciente en la persona que la padece. En cambio, suele ser el resultado de combinaciones de pensamientos que, al reunirse alrededor y a través de la persona que los tiene, se manifiestan en el cuerpo. Ciertas combinaciones de pensamientos generan una manifestación específica.

Por lo tanto, aunque toda enfermedad tiene una raíz en la mente subjetiva, la persona que la sufre, en la mayoría de los casos, nunca pensó conscientemente que tendría ese problema en particular.

Trabajando con ideas

Te concentras únicamente en las ideas. Deja que los médicos se encarguen del cuerpo si es necesario. No hay nada incorrecto en la medicina o en los tratamientos que alivien el sufrimiento, pero para que el dolor no vuelva, es esencial eliminar la causa mental. Nunca le digas a los pacientes: "No tomes medicamentos, porque si lo haces, los tratamientos no funcionarán"; esto es falso. Mejor di: "Si deseas tomar medicinas o visitar al médico, hazlo".

Al seguir este método, usualmente llegará el momento en que tu paciente reconocerá que ya no necesita medicinas; se habrá liberado de la enfermedad en lugar de simplemente deshacerse de ella.

En realidad, nadie necesita ser curado; la salud es una realidad constante, y al quitar los obstáculos que impiden la sanación, se descubre que la salud siempre ha estado presente. Por lo tanto, en tu trabajo, no sientas que debes curar a nadie. De hecho, no asumas ninguna responsabilidad por la recuperación de alguien.

Confía en tu capacidad

Imagina que al tratar a un paciente, sientes una gran responsabilidad: ¿qué deberías hacer? Deberías empezar de inmediato a contrarrestar ese pensamiento, porque mientras lo mantengas, habrá una barrera para la sanación. ¿Por qué? Porque al analizar ese sentido de responsabilidad profundamente, surge la creencia de que no puedes sanar. No cedas a esa creencia, porque no es más que un pensamiento que dice que no puedes sanar. Solo un pensamiento puede decir eso. Declara: "Mi palabra tiene el poder de curar", y verás que la duda desaparece.

Cuando das un tratamiento, estás utilizando tu pensamiento; estás identificando, oponiéndote, neutralizando y eliminando toda supresión, miedo, duda, fracaso, emociones negativas y sensaciones de pérdida, sin importar cuál sea el problema. Cada vez que tu pensamiento es preciso, se borra de manera definitiva, como si una línea de tiza desapareciera. Así es el misterio de la aparición y desaparición.

¿Por qué Dios no nos cura? Porque somos independientes. Nos hemos enfermado y debemos sanar por nosotros mismos. En tiempos de grandes conflictos, millones sufrieron dolor y aflicción; pero el agua seguía mojada y los pájaros cantaban con la misma dulzura. Nada cambió excepto en los pensamientos y acciones humanas; lucharon hasta cansarse y luego se detuvieron. Estaremos enfermos hasta que decidamos sanar; entonces investigaremos la causa, la eliminaremos y nos sanaremos.

No Vayas Más Allá De Lo Que Entiendes

Nuestro entendimiento es limitado y no nos permite alcanzar todo, así que nos adaptamos a lo que sabemos. Solo podemos avanzar hasta donde nuestro conocimiento nos lo permite. El Principio es Infinito, pero solo podemos demostrarlo a nuestro propio nivel de comprensión.

Si alguien lucha contra un hábito, está creando resistencia mental. Pero si no resiste mientras lo tratas, pronto se liberará.

La gente dice: "No puedo quitarme los lentes". Entonces, póntelos; pero comienza a afirmar que tienes una Visión Perfecta que ve a través de ti. Esta es la

Verdad. Cuando esta afirmación se convierta en una realización interna, estarás curado y ya no necesitarás lentes.

Si un parche te alivia, úsalo. Si una píldora ayuda, tómala; pero dirige gradualmente tu pensamiento hacia niveles superiores de conciencia, donde ni los parches ni las píldoras son necesarios.

Lo Que Un Sanador Debe Saber

Un practicante entiende que la enfermedad es mental. Sabe que la enfermedad es una fuerza de pensamiento impersonal que opera a través de cualquier canal disponible. Reconoce que es una fuerza directa del pensamiento; que solo existe la Mente en el Universo, y nada más que Inteligencia. No está tratando con un cuerpo físico ni intentando curar una condición física.

Es importante mencionar que muchas personas creen que deben poner sus manos sobre los pacientes para curarlos, pensando en un magnetismo potente para la sanación. Esto no tiene relación con el poder del que hablamos. La curación magnética implica la transmisión de energía vital de un cuerpo a otro y pronto se agota.

Tratamos al ser humano no como un paciente, ni como un cuerpo físico, ni como una condición enferma; tampoco consideramos la enfermedad como parte de él, porque si lo hacemos, fijaremos la enfermedad a él. No debemos pensar que la enfermedad está relacionada con la persona o forma parte de ella. El practicante reconoce que el ser humano nace del Espíritu y no de la materia. El Espíritu es Inmutable, Perfecto, Completo y, en todos los aspectos, Puro, Inmaculado e Incontaminado. Reconoce esto al ver a su paciente como una encarnación viviente de la Perfección.

Un practicante es quien, entendiendo que solo existe la Mente para actuar, habla desde su mente objetiva a la subjetividad y dirige la Ley, que es el Actor.

Curación Es Claridad Mental

La curación resulta del pensamiento claro y el razonamiento lógico, que se presenta a la conciencia y es actuado por ella. Es un proceso sistemático de pensamiento que descubre la causa mental o idea subyacente a la enfermedad, y revela la Verdad sobre el Ser del hombre, sanándolo así.

Por ejemplo, dite a ti mismo: "Dios es Todo lo que existe. Solo hay Una Vida". Al tratar, si algún punto no está claro, detente y vuelve al último análisis de la Realidad Última y el Absoluto, construyendo todo tu argumento sobre Él para obtener una conciencia clara.

Repite: "Dios es Todo. Solo hay Un Poder, Inteligencia y Conciencia en el Universo, una sola Presencia. Esa Presencia Única no puede cambiar. No hay nada que pueda cambiar excepto en sí misma. Es Inmutable y es Mi Vida ahora. Ahora está en mí".

Asegúrate de que ninguna forma de sugestión negativa, creencia en limitaciones, pensamiento de Karma, fatalismo, teología o cualquier otra creencia tenga poder. No las aceptes. Si alguna vez creíste en ellas, reconócelo como una condición hipnótica y recházalas hasta que ya no creas en ellas.

Esta es la forma de aclarar tu conciencia. Esto induce un concepto claro de la Realidad que debe reproducirse a sí misma. Este proceso de pensamiento claro, si se realiza diariamente, curará cualquier enfermedad, ya que lleva a un reconocimiento completo de la Vida.

Una Sola Ley

Lo que te enferma también puede curarte. No necesitas buscar una ley de salud opuesta a una ley de enfermedad, porque solo existe Una Ley. Esto te brinda un gran alivio, ya que significa que no hay ningún poder que se oponga a un tratamiento mental correcto.

La gente suele decir a un practicante: "Quiero que tengas un pensamiento fuerte para mí". Esto es un concepto erróneo, ya que en este contexto no existen pensamientos fuertes o débiles. El pensamiento más poderoso es el que tiene la mayor convicción. No retenemos pensamientos; simplemente los pensamos y dejamos que la Mente actúe sobre ellos.

La gente también suele decir: "Debe ser agotador tratar a tanta gente; tu fuerza de voluntad se agotaría". Esto también es incorrecto, porque la fuerza de voluntad no está relacionada con la verdadera sanación mental; usarla implicaría que el practicante ejerce una fuerza de pensamiento personal sobre el paciente. Esto es falsa sugestión, una forma de hipnotismo.

A veces se piensa que al dar o recibir un tratamiento se debe experimentar alguna sensación física. Un paciente puede decir: "No sentí nada durante el tratamiento". No es necesario que el paciente sienta algo durante el tratamiento, ni que el practicante sienta algo, salvo la verdad de las palabras que pronuncia.

Cuando plantamos una semilla en la tierra, no sentimos mucho, y es poco probable que la tierra sienta algo. Pero la semilla, al estar en la tierra creadora, producirá una planta. "Lo que es verdad en un plano es verdad en todos". Sabes que estás actuando tan definitivamente como un jardinero. Quien sabe lo que hace obtiene resultados.

Eliminando la Duda

Todos los pensamientos de duda sobre tu capacidad de curar provienen de la creencia de que es la personalidad la que realiza la curación, y no la Ley. Nunca digas: "No soy lo suficientemente bueno para curar", "No sé lo suficiente para curar", o "No tengo la comprensión necesaria para curar". Reconoce que estás trabajando con la Ley y que Ella es el Actor. Identifica todos esos pensamientos como formas de sugestión y recházalas. Puedes sanar; debes creer que puedes.

Llegará el día en que todo el mundo reconocerá la Verdad, gracias al gran poder que está influyendo en la conciencia colectiva.

La razón por la que la gente no obtiene mejores resultados es que no entiende que el principio funciona por sí solo; la Verdad se confirma sola. En la esencia de cada persona hay Una Mente Común. Solo existe Una Subjetividad en el Universo, y todos la utilizan. Piensa que estás en la Mente como una esponja está en el agua; tú estás en ella y ella está en ti.

La Enfermedad Es Mental

Toda enfermedad que surge a través de la subjetividad o que aparece en el cuerpo debe originarse en la Mente. Los cuerpos, por sí solos, no enferman. Por ejemplo, cuando el Principio de Vida abandona el cuerpo, se convierte en un cadáver, una cosa sin vida e inanimada; ya no puede enfermarse, porque no hay inteligencia para reconocer el problema.

Dado que el cuerpo no puede enfermarse, herirse o contraer una enfermedad sin que haya inteligencia para reconocerlo y sentirlo, la enfermedad es principalmente una cuestión mental. Sin mentalidad no existe, pero con mentalidad sí.

Por ejemplo, una enfermedad contagiosa es físicamente contagiosa entre dos personas vivas; pero no entre dos personas muertas. Debe haber inteligencia, incluso en una enfermedad contagiosa, para que el cuerpo la contraiga. Un cuerpo muerto no puede contagiarse porque la inteligencia se ha ido.

El Medio De Sanación

Recuerda siempre que solo hay Una Mente Subjetiva en el Universo. Muchas personas no lo comprenden, y por eso no pueden ver cómo alguien puede ser tratado sin contacto físico, o ser sanado a distancia.

Si solo existe una Mente Subjetiva en el Universo (y todos entendemos que la Mente Subjetiva es Deductiva, Receptiva, Plástica, Neutral, Impersonal y Creativa; es la base de toda materia), puedes imprimir una imagen de pensamiento o un proceso de realización, y obtendrás un resultado, porque la Mente actúa.

Depender Del Principio

Usando adecuadamente esta gran Ley Subjetiva, puedes imprimir una idea definida; y si tú mismo no retiras esa idea o la neutralizas con una opuesta, la ley la manifestará.

Debemos aprender la ley que rige este Principio. Al dar un tratamiento, estás activando una ley Universal que no solo acepta lo que dices, sino cómo lo dices. Si tu tratamiento se da con lucha, se manifestará así; si se da con paz, se manifestará en paz.

Recuerda que no debes asumir ninguna responsabilidad personal por la recuperación de tu paciente. Solo tienes que hacer ciertas afirmaciones que la Mente implementará a través de él.

Quien entiende el uso del Principio Divino nunca intenta sugerir, hipnotizar ni influir personalmente en nadie; siempre trabaja de manera impersonal, declarando en la Mente directamente lo que desea que suceda.

Cuando te trates a ti mismo, di tu propio nombre y procede como si trataras a otra persona.

La enfermedad se curará, siempre y cuando llegues a su causa y la elimines, y siempre y cuando quien estás ayudando esté dispuesto a renunciar a esa causa. No puedes curar a alguien de su problema si es resultado de una actitud mental a la que no quiere renunciar. En este caso, identifica cuál es esa actitud mental y elimínala. Es responsabilidad del practicante descubrir las falsas ideas de la Vida y reemplazarlas con la Verdad. Si esto se hace antes de que la enfermedad dañe el cuerpo, siempre habrá sanación.

El Principio es el Poder que creó todo; es Absoluto; no puede ser negado. Lo único que puede negarle a Dios eres tú mismo.

No pienses en la enfermedad como una entidad, sino como una fuerza-pensamiento impersonal. En la sanación, estás separando lo falso de lo verdadero; el trabajo es definido y dinámico, y se realiza conscientemente con un propósito claro en mente.

Si tu pensamiento es claro y puedes reconocer completamente la presencia del Espíritu en tu paciente, todo poder en la tierra no podrá impedirte sanar.

Repetición De Tratamientos

Siempre concluye un tratamiento completamente; siente que está hecho, completo y perfecto. Entre tratamientos, no mantengas el pensamiento del paciente; hacerlo es dudar, y esta actitud debe ser superada completamente. Cada tratamiento es una declaración completa de la Realidad del Ser. El tratamiento debe repetirse diariamente hasta que ocurra la sanación. Si toma cinco minutos, cinco horas, cinco días o cinco años, mantén el tratamiento hasta lograr la sanación. Este es el único método conocido. No basta con decir que todo está bien; esto es cierto en principio, pero en realidad, solo es tan cierto como nosotros lo hacemos. Trata hasta obtener resultados. La sanación ocurre cuando el paciente deja de estar enfermo, y hasta entonces se debe realizar un trabajo mental.

Eliminar el complejo

Imagina que constantemente te dices: "Todo está mal en el mundo; la gente está mal; las cosas están mal; las condiciones están mal; todo el mundo está enfermo; todo el mundo es infeliz; nada vale la pena". Como practicante, debes eliminar este complejo; porque estas emociones internas crean condiciones externas en el cuerpo y son las que causan gran parte de la enfermedad en el mundo.

El tratamiento alinea la conciencia mediante el pensamiento claro. Cuando la conciencia interior está en armonía con la Verdad, cuando ya no hay nada dentro que niegue la palabra exterior de la Verdad, entonces, y solo entonces, ocurre una manifestación. Revisa específicamente los pensamientos erróneos y utiliza el poder de tu palabra para sanarlos.

Sanar el dolor

Utiliza el pensamiento de paz y la realización de una Presencia Perfecta; sabe que en esta Presencia no hay tensión, lucha, miedo ni conflicto. Conoce esto hasta que en tu conciencia llegue una profunda y calmada sensación de paz y tranquilidad, y hasta que todo pensamiento de dolor sea eliminado.

Haz lo mismo con la fiebre; trátala hasta que desaparezca; normalmente se irá como el calor de una estufa.

Dolor de cabeza

Imagina que frecuentemente tienes dolor de cabeza. Un médico puede decir que es causado por tensión nerviosa; un quiropráctico puede atribuirlo a algo fuera de la articulación; un osteópata puede tener otra explicación; y otro practicante puede tener una teoría diferente; porque cada uno encuentra un aspecto del cuerpo para adaptarse a su teoría. Estas torsiones pueden existir, pero el cuerpo no podría torcerse a menos que tú lo hicieras. El metafísico va al núcleo del problema y desenreda tu pensamiento, liberando así las tensiones del cuerpo. Reconocemos el bien que hacen los médicos, pero insistimos en que también se debe considerar la mentalidad.

Detrás de casi todos los trastornos hay algún complejo o nudo mental que debe desatarse; generalmente, alguna emoción reprimida relacionada con afectos, gustos, disgustos, amores y pasiones. Todos estos nudos deben desatarse y es tarea del practicante liberarlos.

Lo que hace el pensamiento correcto

El pensamiento correcto, repetido constantemente en la conciencia, la purificará. La enfermedad es como una botella de agua impura; la sanación podría compararse con el proceso de verter agua pura en la botella, gota a gota, hasta que esté limpia y pura. Alguien podría preguntar por qué no se puede voltear la botella y vaciar todas las impurezas de una vez. A veces sucede, pero no a menudo; mientras tanto, una gota cada vez eliminará las impurezas y producirá la sanación.

Al tratar, ve más allá de la enfermedad y ofrece una conciencia espiritual; nunca dejes a una persona sin la Gran Realización de la Vida y el Amor, de Dios y la Perfección, de la Verdad y la Sabiduría, del Poder y la Realidad. Siente la Presencia Divina en y a través del paciente en todo momento.

Cómo se curan los hábitos

¿Qué es un hábito? Un hábito es la forma que toma el deseo; es un anhelo de algo que dará satisfacción. En la raíz de todo hábito hay un deseo básico de expresar la vida. Hay un impulso de expresar en todas las personas, y este impulso, a través de los canales de la Mente Creativa, libera energía en la acción y lleva al individuo a hacer algo.

Detrás de todo deseo está el impulso del Espíritu de expresar. En el hombre, este impulso debe expresarse en el nivel de su conciencia:

"Cada uno, por la alegría de trabajar y cada uno en su estrella separada,

pintará la cosa tal como la ve para el Dios de las cosas tal como son".

Algunos expresan de manera constructiva y otros destructivamente.

Imagina que un hombre con el hábito del alcohol viene a ti para ser sanado. No rezarías para que se cure, porque sabes que estás tratando con alguien que desea expresar la vida y cree que debe hacerlo a través de la intoxicación. Antes pensaba que esto reflejaba su realidad; ahora sabe que no es así, pero no tiene la fuerza de voluntad para dejarlo, porque el hábito ha tomado control. (Es bueno recordar que, si no controlamos el pensamiento, él nos controlará a nosotros).

Al dar el tratamiento, primero reconoce quién y qué es él, diciendo algo como: "Él es la expresión plena y completa de la Verdad y, como tal, está libre de cualquier limitación. Está libre de engaños o miedos al engaño. Sabe que el Espíritu de la Verdad dentro de él está completo y siempre satisfecho. Esa cosa que se llama hábito del alcohol no tiene poder sobre él y no puede actuar a través de él. Por el poder de esta palabra, ahora está completamente destruido y borrado para siempre". Luego, permanece libre y satisfecho. Espera hasta que estés seguro de las afirmaciones hechas, reconociendo que el trabajo está hecho. Este es el tratamiento.

La Semilla Del Pensamiento

Nuestros pensamientos no simplemente aparecen; son creados activamente. Es claro que sin un pensamiento, no hay acción. Por ejemplo, alguien está enfermo hasta que alguien más reconoce que está bien. Esto muestra que el pensamiento de una persona puede generar sanación. El pensamiento activa una ley universal. No importa si se usa una palabra para curar o simplemente se piensa en ello. El practicante y el paciente comparten la misma Mente, por lo que el pensamiento del practicante puede influir en la condición del paciente. No es relevante si el pensamiento se envía o se piensa; lo esencial es que ambos están dentro de una única Mente, operando bajo una única Ley.

El practicante establece una verdad para el paciente dentro de sí mismo, activando así la Ley para él. Es como cuando se planta una semilla en la tierra: no se sostiene, sino que se deja que la Mente Creativa haga su trabajo. De igual manera, el pensamiento correcto plantado en la Mente produce la curación necesaria.

Qué Se Puede Curar

¿Qué podemos sanar con nuestra mente? Si pensamos solo desde nuestra perspectiva limitada, no lograríamos nada. Sin embargo, al conectarnos con el Principio Universal, no hay límites para lo que podemos lograr. Las enfermedades surgen cuando pensamientos imperfectos oscurecen una idea perfecta. La mente objetiva transforma estos pensamientos en subjetivos, creando condiciones de enfermedad. Incluso sin conocer una enfermedad, ciertas fuerzas en el pensamiento subjetivo pueden manifestar condiciones físicas.

Por Qué La Gente Se Cansa

Cuando alguien se dice "He trabajado demasiado", rápidamente cree en el cansancio. Las quejas constantes de fatiga son resultado de una creencia arraigada mediante la sugestión racial. Si dejamos pensamientos negativos como complejos o conflictos, esto puede distorsionar nuestra salud. Sin embargo, si entendemos que somos parte de una Mente Única, podemos cambiar estos pensamientos conscientemente y sanar.

La Idea Debe Tomar Forma

La curación ocurre al enviar los pensamientos correctos a la subjetividad. No se trata de retener pensamientos, sino de implantarlos con intención y dejar que actúen. Al hacerlo, la Mente reproduce estas ideas en el cuerpo, produciendo sanación. Al igual que un jardinero planta semillas para obtener flores, debemos plantar pensamientos correctos para lograr la curación. Es esencial reconocer que lo que es verdad en un plano lo es en todos. El practicante debe primero sanar su propia mente para poder influir en la del paciente.

Resolver Desde El Pensamientos

Cada tratamiento aborda una creencia específica. Por ejemplo, si se trata la escarlatina, se neutraliza la creencia en esa enfermedad. Al resolver todo en pensamientos, se entiende que la enfermedad no es una entidad física, sino una creencia falsa que se disuelve mentalmente.

Curar La Locura

Al tratar una mente perturbada, reconoce que solo existe Una Mente perfecta. Entender que tanto tu mente como la del paciente son perfectas elimina las dudas y confusiones, sanando así la mente del paciente.

Lo Que Hace Un Practicante

Un practicante lleva la enfermedad a su propia mente y disuelve las falsas creencias. Cuanto más confíes en el poder de tus palabras, más efectiva será la sanación. La persona con mayor claridad mental será el mejor sanador.

Realidad Tras La Apariencia

La curación no crea perfección, sino que revela una perfección ya existente. Es un proceso de eliminar pensamientos falsos para descubrir la realidad perfecta detrás de las apariencias. La enfermedad es una experiencia, no una verdad, y debe ser disuelta mentalmente.

Jesús, al sanar, vio la perfección en lugar de las imperfecciones. De manera similar, al reconocer que todo es mental, debemos enfocarnos en la perfección para lograr la sanación. Nuestro pensamiento afecta al universo, y al alinear nuestra mente con la perfección, promovemos la curación.

Curación De Problemas Pulmonares

La tuberculosis, por ejemplo, es una creencia en un problema pulmonar. Reconociendo que el pulmón es perfecto, disolvemos la idea de enfermedad. Al afirmar que el cuerpo es perfecto y eterno, eliminamos las falsas creencias que causan la enfermedad.

Tratamiento De Los Niños

Los pensamientos de los padres influyen en los niños. Pensar constantemente en su enfermedad afecta su salud. Es crucial reconocer que solo la creencia en la perfección opera, y así sanar al niño eliminando creencias negativas.

El Poder De La Palabra

Usa palabras específicas y directas en tu trabajo mental. Reconoce que tus palabras son poderosas y pueden romper leyes humanas, alineándose con la armonía universal. La palabra continua y perfecta actúa hasta cumplir su propósito de sanación.

Juventud eterna

Maneja pensamientos heredados y sugerencias negativas reconociendo que solo existe Una Mente. Al entender que somos espíritus eternos, eliminamos creencias de envejecimiento, manteniendo una conciencia de perfección eterna.

Memoria

La memoria permite revivir ideas pasadas. Creer que olvidamos es incorrecto, ya que la Mente Una nunca olvida. Al reconocer esto, superamos la creencia de despiste y mantenemos la conexión con la perfección constante.

Guía En El Tratamiento

Si no sabes qué pensar durante un tratamiento, confía en tu Inteligencia interior. Deja que una idea surja y úsala para sanar, permitiendo que la Mente Universal guíe tu trabajo.

Cómo Sanar

Nunca digas: "Tengo a alguien que necesito sanar", porque si lo ves de esta manera, ¿cómo lograrás sanarlo? Si percibes a alguien como enfermo, seguirá viéndose así para ti; no puedes sanar mientras te enfoques en la enfermedad. La enfermedad no es una persona, lugar o cosa; nadie cree realmente en ella, no tiene acción ni reacción, ni causa ni efecto. No existe una ley que la sostenga ni nadie que la invoque; nadie habla de ella ni cree en ella.

La enfermedad no está ligada al pensamiento del paciente como personalidad, pues al aclarar sus propios pensamientos, la sanará. Al tratar a alguien, primero elimina todas tus dudas y miedos. Reconoce que eres una Idea Divina y que tu palabra establece la ley para lo que te propones. Esto fue lo que dio a Jesús su poder: "Les enseñaba con autoridad, no como los escribas".

Quitar las Dudas

Imagina que alguien que practica la sanación no logra convencerse de la Verdad de sus afirmaciones; ¿cómo podría llegar a creer? Repite la afirmación, detente en su significado, medita sobre su significado espiritual hasta que tu pensamiento se aclare. Esta es la única razón para repetir los tratamientos; un tratamiento sanaría cualquier cosa si no hubiera dudas. Los tratamientos repetidos establecen en la conciencia un concepto claro de un hecho ya existente, aunque aún no se haya materializado; por eso la sanación mental es una ciencia. No hay lugar para la duda en un tratamiento.

Entiende que trabajas con tu entendimiento a través de la Ley. Nunca digas: "No soy lo suficientemente capaz para sanar". No existe bueno, mejor o excelente; esto es una ilusión, porque todos somos igualmente buenos en la Verdad.

No te vuelvas supersticioso; estás trabajando con una ley normal y natural en el mundo mental y espiritual. Esta ley es tan real como cualquier otra ley conocida. No digas: "No estoy seguro de tener suficiente poder para sanar"; no puedes sanar con esta actitud. Di: "A medida que libero las formas de mi pensamiento, los Principios que creo actúan. Esta es la Ley de Dios, la ley humana y la Ley del Universo". Nunca digas: "Esta enfermedad es difícil de curar mientras que otra es fácil". Si lo haces, sana de inmediato. Esto viene de la creencia de que estamos lidiando con un poder limitado.

Sin Miedo

Supongamos que al comenzar a sanar, una gran oleada de miedo te invade intentando decirte que no puedes hacer un buen trabajo. Lo que debes hacer es tratar este miedo como una sugestión sin poder, que no puede convencerte de tu incapacidad para sanar. Di: "No hay nada en mí que pueda dudar de mi capacidad para sanar". Esto neutralizará el miedo y te permitirá enfocarte en lograrlo.

¿Cómo saber cuándo has sanado a alguien? Cuando ya no necesite más tratamientos; hasta ese momento, trátalo cada día hasta alcanzar la perfección.

¿Importa si la persona toma medicamentos? En absoluto. Si esto le proporciona alivio, que lo haga. Todos necesitamos alivio. La persona está sana cuando ya no necesita medicación. Olvídate de la medicina y sana mentalmente; entonces ya no necesitará pastillas.

Algunos piensan que tomar una pastilla deshonra a Dios. Dios no sabe nada de pastillas; esto es pura superstición. Deja esos pensamientos y concéntrate en lograr la perfección para quien sanas.

La sanación no se logra con fuerza de voluntad, sino conociendo la Verdad; esta Verdad es que ya somos Perfectos, sin importar las apariencias. Retener pensamientos no tiene relación con el tratamiento. Si al comenzar a sanar, sientes dolor de cabeza, debes saber que estás trabajando en el plano mental y no en la realización espiritual. Un tratamiento debe dejarte mejor que antes; de lo contrario, no es efectivo.

Podrías preguntarte: "¿Toda enfermedad es un pensamiento mantenido en la mente consciente de la persona?". No necesariamente; puede ser un pensamiento subconsciente o el resultado de múltiples pensamientos que juntos crean un efecto definido.

Psicoanálisis

Puede ser necesario diagnosticar los pensamientos de la persona; este es uno de los puntos clave en la sanación. Se trata del psicoanálisis, el análisis del alma o mente subjetiva. Su enseñanza es que dentro del alma caen todas las semillas de nuestros pensamientos; la mayoría de los problemas físicos son causados por conflictos emocionales y de voluntad. La mente consciente, al desear cosas que no puede tener, envía deseos opuestos al pensamiento subconsciente, creando conflictos que se manifiestan físicamente como enfermedad. Se afirma que el 70% de las enfermedades son resultado de emociones reprimidas; estas no son necesariamente sexuales, pueden ser cualquier deseo oculto, causando complejos.

Es probable que cuando Jesús perdonó los pecados de alguien, reconoció que la persona tenía un complejo de condena interna. El sentimiento de condena autoimpuesta agobia y debe eliminarse. Esto explica por qué Jesús dijo: "Tus pecados te serán perdonados". Lo que duele es el sentimiento. Pensar ayuda a resolver y evitar los complejos. Se dice: "La vida es una comedia para quien piensa, una tragedia para quien siente".

El sanador dialoga, muestra la Ley de la Mente, enseña el camino, diagnostica pensamientos, señala cómo ciertas actitudes mentales producen resultados físicos, enseña a armonizar el pensamiento, a estar en paz, a confiar en el Bien, eleva mental y espiritualmente, y apoya hasta que la persona pueda valerse sola.

Un sanador debe tener Compasión Divina; un sentido profundo de unidad y simpatía, sin simpatizar con la enfermedad. La Divinidad se expresa a través de la Humanidad. Un alma iluminada entiende y ejerce la simpatía sin morbosidad.

Tratar Solo los Pensamientos

En la sanación mental, se trabaja con pensamientos, no con cuerpos o condiciones. Nunca manipulas ni necesitas tocar a las personas. No hipnotizas; no te preocupas por dónde están o qué hacen; esto sería un concepto limitado. El trabajo comienza y termina en tu propia conciencia.

Nerviosismo

En el nerviosismo, enfócate en pensamientos de paz, aplomo y poder. No hay nervios tensos; no hay lucha en el universo. Las cosas se mueven de manera armoniosa y tranquila; esta es la verdad sobre lo que estás tratando.

Un tratamiento dura hasta que te convenzas de la verdad que afirmas; puede durar minutos, horas o más.

Tartamudez

Sanar la tartamudez implica la idea de hablar correctamente. El habla es la Palabra Divina y no puede deteriorarse; debe ser un flujo de Vida Única. El habla es perfecta.

Argumentación en el Tratamiento

Unas palabras sobre la argumentación en el tratamiento: no argumentamos para que el principio funcione, sino para convencer a nuestro propio pensamiento de que ya funciona. Resumiendo la idea:

Eres mente consciente; la persona es mente consciente; ha pensado o está pensando una idea de imperfección. Tú, como mente consciente, eliminas esa idea. El tratamiento empieza y termina en tu mentalidad; debe cubrir el caso y no dejar nada que enferme o fallezca; será efectivo. Meditar en el tratamiento; una receptividad elevada al Espíritu produce buenos resultados. Un sentido interno de unidad te permite sentir que la Gran Mente Consciente y Espíritu del Universo fluyen a través de ti, expresándose con Vida, Verdad y Amor Infinitos. Siente que detrás de cada palabra está el Poder del Universo. Pronuncia la palabra conscientemente, sabiendo que es Ley.

Resumen

La enfermedad es una experiencia, no una Realidad Última; es un efecto, no una causa. El cuerpo, sin mentalidad, no podría sentir; es solo un efecto. Está hecho de la misma materia irreflexiva que toda la Creación.

El Hombre Instintivo es Perfecto, pero su uso individual de la Vida y la Ley cubre una idea perfecta con un manto aparentemente imperfecto.

El hombre entra en la objetividad con la tendencia de la raza subjetivada en él, por sugestión de la raza. La raza cree en la enfermedad y la limitación, operando a través de todas las personas receptivas. Esta sugestión funciona a través del campo del pensamiento subjetivo colectivo.

A medida que el hombre se individualiza, piensa conscientemente y llena continuamente su pensamiento subjetivo con sugestiones, constructoras de su cuerpo físico. A través de la subjetividad, el pensamiento siempre llega a una conclusión lógica.

El hombre no necesariamente piensa conscientemente que tendrá un problema físico, pero el físico es un resultado lógico de sus pensamientos.

La enfermedad no es persona, lugar o cosa; es una imagen del pensamiento, consciente o inconscientemente retenida en la Mente, exteriorizándose donde encuentra una vía de operación.

La enfermedad es mental en su origen, ya que solo una persona con inteligencia puede estar enferma; es el resultado de pensar y creer en la dualidad o en un poder aparte de Dios.

La enfermedad puede sanar invirtiendo el pensamiento hacia la Realización Espiritual de la Vida. Es imposible separar la sanación mental real de la verdadera Realización Espiritual, ya que Dios es TODO.

El argumento mental en la sanación se basa en la teoría de que estamos rodeados por una Mente Universal que reacciona a nuestro pensamiento.

La práctica mental correcta usa la Mente constructivamente, presentando la Verdad Espiritual sobre el hombre. La incorrecta la usa destructivamente, presentando afirmaciones falsas. La práctica correcta se llama Espíritu de Cristo; la incorrecta, espíritu del Anticristo; siempre es alguna forma de sugestión negativa.

El hombre es conocido en la Mente por su nombre, y cualquier declaración sobre su nombre causará acción a través de la Ley. Esta es la base de la sanación mental.

Un sanador reconoce al Hombre como realidad espiritual. No hay más que Una Mente, por lo que el sanador actúa desde dentro. A través de la Mente Una, las afirmaciones se elevan objetivamente en la persona, según la creencia del sanador y la capacidad de la persona para recibir la Verdad. La sanación se logra moviendo la

Ley Subjetiva. Cuanto más espiritual sea la mentalidad del sanador, más poderoso será el tratamiento.

Un tratamiento mental comienza y termina en el pensamiento del sanador porque está en la misma Mente que la persona. El tratamiento induce conceptos correctos en el lado subjetivo de la vida.

Los tratamientos ausentes y presentes son iguales, ya que no hay ausencia en la Presencia Única.

Una enfermedad se curaría igual que otra si el pensamiento estuviera seguro en ambos casos.

No hay responsabilidad personal en la sanación; el sanador dirige el Poder y deja que trabaje. No sostienes pensamientos en la sanación mental; pierdes el pensamiento. Un sanador no sugiere, hipnotiza o influye mentalmente; simplemente sabe que el hombre es un ser espiritual y se aferra a esa creencia, sin importar la apariencia. El tratamiento mental correcto no cansa al sanador.

El magnetismo personal no está relacionado con la sanación mental. Toda la posibilidad de sanación mental descansa en la premisa de que vivimos en Una Mente Creativa que reacciona a nuestra creencia. Es como si hubiera un Oído Universal que escucha y reacciona a todo lo que decimos, sentimos o pensamos.

La sanación no es un proceso, sino una revelación; la revelación del hombre perfecto siempre sana. El proceso es el tiempo y el pensamiento para llegar a la comprensión correcta del estado perfecto del hombre en el Espíritu.

Puede sanar quien cree que puede, y quien dedica tiempo a fortalecer esa creencia a través de la Ley.

Ver diariamente al hombre perfecto y declararlo objetivamente es una práctica mental correcta y sanará.

Un tratamiento reconoce que todo es Mente y mental; resuelve toda enfermedad en pensamiento; neutraliza lo falso y reconoce lo verdadero. Nada puede impedir su funcionamiento, salvo la falta de fe en la Verdad y en la capacidad de usarla.

Al dar tratamiento mental, el sanador primero reconoce su propio ser espiritual; luego reconoce el estado perfecto del ser de la persona; ataca la falsa afirmación y trae la evidencia de la Verdad para contrarrestarla, pensando de manera que destruye completamente la falsa afirmación y realiza la Verdad.

Cuarta Lección: Alcance de la Ley

La Ciencia Mental no es un "esquema para hacerse rico rápidamente", ni promete algo sin esfuerzo. Sin embargo, promete que quienes sigan sus enseñanzas podrán introducir en su vida y experimentar mayores posibilidades y condiciones más felices.

La Ciencia de la Mente se basa en la suposición de que estamos rodeados por una Mente Universal en la que pensamos; esta Mente, en su estado original, llena todo el espacio con Su Presencia. Al llenar todo el espacio, ocupa el lugar que el hombre utiliza en el Universo. Está dentro y fuera del hombre. Cuando el hombre piensa en esta Mente Universal, activa una Ley creadora con posibilidades ilimitadas.

La Ley es Infinita

La Ley con la que opera el hombre es Infinita, pero el hombre parece ser finito; es decir, aún no ha comprendido completamente. Se desarrolla a partir de un potencial ilimitado, pero solo puede traer a su experiencia lo que puede concebir. La Ley no tiene límites, pero la comprensión humana parece tenerlos. A medida que se desarrolla su comprensión, aumentan sus posibilidades de realización.

Es un error decir: "Toma lo que quieras, porque puedes tenerlo". No tomamos lo que deseamos, sino que atraemos lo que es similar a nuestro pensamiento. EL

HOMBRE DEBE CRECER PARA ATRAER UN BIEN MAYOR A SU VIDA. No debemos creer que todo lo que hacemos es simplemente reclamarlo. Es cierto, pero solo si lo hacemos. Proporcionamos el molde para la Ley Creativa, y sin un molde que aumente, la sustancia no puede aumentar en nuestra experiencia; porque la Ciencia Mental no puede prometer eliminar la necesidad de cumplir con la ley.

La Ley es una ley de libertad, no de licencia. Es exacta y exigente, y si no estamos dispuestos a seguir su naturaleza y trabajar con ella, no recibiremos grandes beneficios. Todo hombre debe pagar el precio de lo que recibe, en moneda mental y espiritual. Para que la Ley nos libere, debe haber una vía para que opere como ley de libertad. No significa que debamos complacer a la Ley; es impersonal y no sabe quién la usa ni con qué propósito. Pero, por ser impersonal, está obligada a devolver al pensador exactamente lo que él piensa en ella. La ley de los equivalentes mentales nunca debe ignorarse, porque "todo lo que siembras, eso también cosecharás".

Posibilidades de la Ley

Las posibilidades de la Ley son infinitas; nuestras posibilidades de usarla son ilimitadas. Podemos y debemos recibir pleno beneficio, y lo haremos en la medida que la comprendamos y la usemos adecuadamente.

Existe una ley de desarrollo en el hombre que dice que solo puede avanzar yendo de donde está al lugar donde desea estar. No porque la Ley sea limitada, sino porque es ley. A medida que el hombre evoluciona en su mentalidad, la ley reacciona automáticamente. La forma de actuar es comenzar justo donde estamos y, aplicando constantemente la Verdad, aumentar gradualmente en sabiduría y comprensión; así se obtendrán buenos resultados. Si, día a día, comprendes más y aplicas la Verdad en tus acciones, estarás en el camino correcto y finalmente serás libre.

Espíritu y Ley Mental

Es imposible separar la comprensión espiritual del uso correcto de la ley mental. El Espíritu dentro del hombre es Dios, y solo escuchando y obedeciendo a ese Espíritu tendremos éxito real. La Ley es una fuerza impersonal, y para no usarla mal, debemos seguir solo un camino constructivo. Pero la Ley es Absoluta, y debemos confiar en su acción impersonal. Puede hacer todo lo que podamos concebir. Es la ley de la libertad para quienes creen y la obedecen.

La realización más elevada es reconocer la Omnipresencia del Espíritu. Esto abrirá mayores posibilidades y ampliará tu concepto de vida. Debemos entrenar diariamente nuestro pensamiento para reconocer al Espíritu en todo lo que hacemos, decimos o pensamos. No hay otro camino, e intentar otro sería un fracaso total.

"Dale a César lo que es de César, y a Dios lo que es de Dios".

Una realización constante de la Presencia del Espíritu proporcionará un sentido de Compañía Divina que ninguna otra actitud puede producir. ¿Por qué no aspirar a lo más alto y lo mejor? Dios es, y debemos reconocerlo y usarlo; al reconocer que Dios es, podremos dirigirnos a la Ley y decirle qué hacer.

No hay evidencia de que Jesús pidiera a Dios que hiciera cosas por Él; daba gracias y luego ordenaba a la Ley que actuara. Esta es la forma correcta de acercarse al Espíritu y a la Ley. No es superstición, sino un hecho; sería mejor reconocerlo.

La Ley está sometida al Espíritu y es su servidora. El hombre es Espíritu, pero hasta que no lo sepa, solo usará la Ley a medias, sin un entendimiento claro para apoyarse.

Manifestación y Realización

No cuestionamos la existencia de la Ley Universal. Esta Ley y la Mente Cósmica están presentes, y podemos aprovecharlas si nos alineamos con su esencia y actuamos en armonía con ellas. No debatimos, ni cuestionamos, ni negamos, ni afirmamos; simplemente SABEMOS. Miles están experimentando esta Ley hoy, y con el tiempo, todos comprenderán su verdad.

Podemos manifestar hasta donde nuestra comprensión nos lo permita; más allá, no es posible. Sin embargo, continuamente nos expandimos en conocimiento y entendimiento, incrementando nuestra habilidad para usar la Ley, alcanzando así la libertad a través de ella.

Es una experiencia maravillosa y una aventura extraordinaria utilizar conscientemente la Ley, sentir que podemos sembrar una idea en la Mente y observar cómo se materializa poco a poco.

Es esencial dedicar tiempo cada día para visualizar la vida que deseas, crear una imagen mental clara de tu ideal. Transfiere esta imagen a la Ley y maneja tus asuntos con la confianza interna de que algo está ocurriendo en el ámbito invisible de la existencia. No debe existir prisa ni preocupación; solo una sensación de calma y serenidad. Permite que la Ley opere a través de la experiencia y se manifieste naturalmente. No hay lugar para la compulsión; la Ley actúa por sí misma, y solo necesitamos utilizarla. Con alegría, expresa tus deseos y confía en que la Ley Perfecta los hará realidad a través de ti.

Nuestra Contribución

Nuestra tarea es estar preparados y dispuestos a ser guiados hacia la verdad y la libertad. Si al manifestar algo es necesario cambiar nuestra forma de vivir, la Ley nos mostrará el camino y lo seguiremos. Elegir correctamente forma parte de la Ley. Toda duda y miedo deben desaparecer, reemplazados por fe y confianza, siendo guiados por el Espíritu hacia el bien.

El proceso no consiste en hacer que las cosas sucedan; se trata de abrir dentro de nosotros un camino para que puedan ocurrir. Este proceso despeja la mente, expande la conciencia y permite que la Realidad fluya; clarifica nuestros pensamientos, elimina bloqueos y deja entrar la Luz. Ya habitamos en un Universo Perfecto, pero debemos visualizarlo mentalmente para integrarlo en nuestra experiencia. El proceso elimina la duda y el miedo, permitiendo la presencia del Espíritu, esencial frente a obstáculos. Cada problema es principalmente mental, y la solución reside en las Realizaciones Espirituales.

Nuestro estado mental determina lo que nos sucede. Este estado es la suma de nuestros pensamientos y conocimientos; es el vínculo entre lo relativo y lo absoluto, lo ilimitado y lo condicionado. Por lo tanto, el proceso es el arte y la ciencia de inducir conscientemente los pensamientos que deseamos manifestar. Cuando nuestra mente ya no contradice nuestra palabra, la manifestación se realizará, pues la Ley es absoluta. Podría parecer sencillo afirmar lo que queremos y dejarlo así, pero en la práctica, solo podemos manifestar hasta donde nuestra comprensión lo permita. Debemos comenzar con lo que sabemos y, a partir de ahí, expandir nuestro conocimiento.

Acércate a la Ley con naturalidad y facilidad. No es algo extraño; es una Ley natural que opera de manera habitual.

Considera a la Ley y al Espíritu como aliados; así, progresarás de lo bueno a lo mejor y de la paz a una paz mayor. Este es el flujo natural de la Realidad a través del ser humano. Espera lo mejor y vive de manera que esto forme parte de tu experiencia.

Control de Condiciones

Entendemos que Mente Consciente y Espíritu son Uno, sin diferencia.

El Espíritu de la Inteligencia, que es Dios, actúa a través de nosotros. Lo que hace debe integrarse primero en nuestra mente antes de manifestarse en nuestra experiencia. Nuestras mentalidades son el Espíritu operando a través de nosotros como individuos.

En las nuevas escuelas de pensamiento, algunos intentan manifestarse solo por el Espíritu o solo por la Mente, lo cual es una distinción ficticia. Solo hay una Inteligencia Activa, ya sea la Universal o el Espíritu Universal en nosotros.

Sin embargo, distinguimos entre la mente consciente y la inconsciente. Al manifestar, preguntamos si nuestros deseos son constructivos y expresan una vida más abundante. Si es así, el universo respalda su realización. No hay nada en la Ley que nos niegue el derecho a expresar plenamente la vida, siempre que no afecte la independencia de otros.

Ley de la Reflexión

Comprende que la Ley es una ley de reflejo. La vida refleja nuestros pensamientos y creencias. Un pensamiento limitado refleja pobreza, mientras que uno liberado refleja abundancia. La amistad que surge de la conciencia atrae amigos a través de la Ley de la Atracción.

La demostración es traer a nuestra experiencia algo previamente desconocido, resultado de pensamientos conscientes. Sin un Principio Divino que opere a través de nosotros, esta enseñanza carecería de fundamento. Nuestra parte es poner en movimiento nuestras palabras, permitiendo que la Ley produzca el resultado deseado.

Atraer Amigos

Para atraer amigos, imagina relaciones ideales, siente su presencia como una realidad y declara su existencia sin dudar. Especifica el tipo de amigos que deseas sin enfocarte en individuos específicos. Cultiva una actitud de amistad hacia todos para que estas relaciones sean duraderas y verdaderas.

Principio de Prosperidad

Estamos rodeados por una Conciencia Creadora que materializa nuestros pensamientos. Reconoce que no hay nada en ti que niegue tus deseos. La unidad con tu bien depende de eliminar cualquier negación interna.

El pensamiento activa una fuerza en la Mente, y cada afirmación que aceptas influye en tu realidad. Reconoce el Todo en cada tratamiento, ya que es Omnipresente.

Tratando con lo Absoluto

Mantén una actitud de tratar con lo Absoluto, buscando conocer la Verdad. No es necesario forzar las cosas; la Verdad actuará por sí misma. Una buena manifestación ocurre cuando la Verdad te guía, permitiéndote saber cuándo has logrado una demostración.

La Oración como Respuesta

La oración es su propia respuesta, reflejando el pensamiento sin posibilidad de engaño. Mantén un estado de conciencia claro y dinámico para neutralizar cualquier pensamiento limitante.

Autoempoderamiento

Desarrolla autodominio y enfrenta cada situación con confianza en la Verdad. No hay obstáculo que no puedas superar si tu concepto de la Verdad es claro y dinámico.

Responsabilidad y Manifestación

No te sientas personalmente responsable de hacer que las cosas sucedan. Lanza tus deseos a la Mente con confianza, sabiendo que ella los recibe y los materializa.

Ayudando a Otros

Cuando alguien necesita ayuda, enfócate en la Mente para facilitar las ideas necesarias. Reconoce que todas las ideas provienen de la Mente y actúan a través de nosotros.

Enfoque en lo Deseado

Nunca te enfoques en lo que no deseas. Refuta cualquier condición negativa, reconociendo que la mente puede manifestar lo que piensa sin limitaciones. Un pensamiento elevado tiene mayor poder y se asemeja más a lo Divino.

Plan de Manifestación

Imagina que cuatro personas reciben diferentes compensaciones según su capacidad mental. Cada uno manifiesta según su nivel de comprensión, demostrando que nuestra capacidad mental determina lo que atraemos. Con una conciencia ampliada, se puede manifestar más.

Atracción

Atraes lo que eres. Lleva tu conciencia a un estado de abundancia, paz y verdad. Declara la Verdad sobre ti mismo diariamente, sabiendo que la Mente operará en consecuencia.

Cómo Manifestar una Casa

Visualiza claramente la casa que deseas cada día, manteniendo la imagen sin esfuerzo y declarando su existencia. No busques resultados directamente, sino confía en el proceso y en tu conocimiento interno.

Conclusión

El tratamiento es el proceso de inducir conscientemente tus deseos como hechos realizados en tu vida, utilizando la Ley de la Reflexión y la manifestación consciente para crear la realidad que deseas.

No Resistas

Cuando Jesús dijo "No resistas al mal", se refería a que ignorar el mal es la única forma de evitarlo. Según la ley de causa y efecto, lo que insistimos en reconocer, lo mantenemos. Lo que no reconocemos, lo neutralizamos y desaparece para nosotros. Al manifestar, no intentes forzar las cosas; las manifestaciones no ocurren con esfuerzo, ya que esto va en contra de uno de los principios universales: la Autoexistencia de la Causalidad. Nada puede existir antes de lo que es; todo surge de su propia naturaleza, con la posibilidad inherente de lo que será. Reconoce tu deseo y confía en la Mente para que lo realice. Dite a ti mismo en silencio, cada vez que pienses en ello: "Ya está hecho". Cuanto más ligero sea el pensamiento y menos te preocupes por él, mejor. El mejor trabajo se logra cuando dejas de luchar.

Sanar un Malentendido

Imagina que dices: "Tengo un malentendido con un amigo y ya no nos hablamos". ¿Qué causa esto? La falta de comprensión de la unidad de toda vida y la creencia en la dualidad. Elimina esta creencia y reconoce que solo existe Una Mente; ve a Dios en cada persona, y el problema se resolverá. Todos vivimos en la Mente Única de Dios.

El Destino

Si crees en el destino, debes liberarte de ese pensamiento porque no existe. Si piensas que las fuerzas planetarias influyen en tu vida, debes cambiar esa creencia. Reconoce solo el Único Poder Perfecto, que no depende de nada más que de Sí mismo. Una manifestación verdadera surge de la Verdad.

Quien desea manifestar primero debe aclarar su propio estado interno. A menudo, nuestros pensamientos subjetivos pueden contradecir nuestras afirmaciones, neutralizando rápidamente nuestras palabras.

Un método científico implica inducir ideas en la Subjetividad que neutralicen pensamientos falsos y permitan que la Verdad se exprese. Necesitamos esta ciencia porque no tenemos una fe perfecta. Hasta que podamos hacer que las cosas sucedan directamente con nuestra palabra, debemos seguir induciendo pensamientos que fortalezcan nuestra creencia en lo que deseamos; esta creencia es la manifestación. La manifestación ocurre internamente, no externamente.

Atracción de la Personalidad

Quizás pienses: "No tengo una personalidad que atraiga a la gente". Solo hay Una Persona, que se manifiesta a través de cada alma viviente. Esta Personalidad es radiante, vibrante y completa.

Las personas que más nos atraen no son necesariamente las más bellas físicamente, sino aquellas que emanamos sutilmente con "algo" especial. Este "algo" no es lo visible, sino lo que fluye desde el interior: el reconocimiento de la Realidad.

Ver la Vida Expresada

Analízate a ti mismo: "¿Veo mi vida como limitada a la rutina diaria?" Rompe con la necesidad y ve la vida como una expresión continua del Ser Infinito. Al adoptar esta visión, las condiciones externas cambiarán y las exigencias de la ley de la necesidad desaparecerán. Si trabajas en lo que debes, nunca te cansarás, porque la energía universal es incansable. El cansancio surge de pensamientos contradictorios sobre tu trabajo, lo cual es una creencia en la dualidad.

Un método científico implica inducir conceptos en la Mente, que los manifiesta externamente como imágenes. Durante este proceso, neutralizamos y eliminamos fuerzas mentales opuestas que niegan nuestro bienestar.

Nunca limites tu visión por logros pasados tuyos o de otros. La vida tiene posibilidades ilimitadas gracias a la Imaginación Divina. No se trata de fracasar o tener éxito, sino de mantener una idea hasta que se haga realidad.

La ilusión está en cómo vemos las cosas. Si algo te parece malo, míralo hasta que te parezca bueno. Si ves enfermedad, mírala hasta que parezca sana. Si ves discordia, busca armonía.

Mirar lo Último

Al manifestar, concibe el resultado final, no el proceso. No busques el proceso; simplemente planta una semilla y deja que crezca. El efecto ya está potencialmente en la causa. "Yo soy el Alfa y la Omega" significa que tu palabra es el inicio y el fin de lo pensado. Causa y efecto están unidos en el Espíritu. Una vez que plantes la semilla, mantén la confianza en tu capacidad para manifestar la Verdad. Ve tu deseo como hecho y confía en la paz y certeza sin buscar resultados. Aquellos que no entiendan esta actitud pueden pensar que estás inactivo, pero recuerda: "Para quien practica la inacción perfecta, todo es posible".

Sin Errores

En el trabajo mental, reconoce que hay Una Mente Infinita que dirige tu destino. Declara diariamente: "No he cometido errores, no los estoy cometiendo y no los cometeré"; y "Una Inteligencia Suprema me guía y me dice qué hacer". Actúa con seguridad, sabiendo que "todo lo necesario para mi plena expresión está ahora". Haz esto cada día hasta que ya no sea necesario; tus manifestaciones habrán ocurrido.

Si piensas: "He cometido muchos errores", estás limitando tus oportunidades. Rechaza la creencia en fracasos y reconoce que existen oportunidades ilimitadas que se expresan a través de ti.

No hay condenación a menos que la creas. Elimina cualquier pensamiento de limitación o esclavitud. "Suéltalo y déjalo ir".

Habla contigo mismo, no con el mundo. Todas las experiencias ocurren internamente. Solo hay Una Mente que puede pensar; esa Mente es la tuya ahora. Nunca pienses en la confusión; la Mente sabe lo que desea y cómo lograrlo.

Causas y Condiciones

No te preocupes por lo que ocurre externamente al manifestar. Si hay confusión en una condición, proviene de confusión en el pensamiento que la creó. No te enfoques en la expresión externa mientras reconozcas correctamente lo interno. Resuelve problemas pensando diariamente que ya son hechos en tu experiencia. Cree que estás tratando con la Realidad, el Absoluto.

Si irradian pensamiento en la Mente Divina, nada puede impedirlo. Asegúrate de que no haya elementos destructivos en tu reacción. Mantén tu deseo como un hecho realizado y trabaja con alegría y confianza. Pueden ocurrir cosas que parezcan destructivas, pero si no te perturban, has encontrado el secreto. Como dijo Jesús, "No juzgues según las apariencias, sino con justo juicio". La respuesta a la oración ya está en la oración cuando rezas.

Acción Perfecta

Si alguien dice: "Mis negocios van mal; no hay actividad", ¿cómo respondes? Solo hay una cosa que tratar: a ti mismo. La Mente Única controla todo.

Solo hay una actividad perfecta, que siempre está operando. No creas en la inactividad. La afirmación sirve para neutralizar la creencia en la inactividad. Tu palabra en la Mente influye en el mundo externo. Destruye los pensamientos de inactividad. El verdadero ser no conoce el desaliento ni el miedo.

"Quien planta una semilla y espera pacientemente, tiene fe en Dios". Quien conoce el poder de su pensamiento sabe que dará fruto.

Visualiza que la Sustancia es Espíritu, que el Espíritu es Dios y Dios es todo lo que existe. Al aceptar esta idea, se implanta en tu vida creativa.

Equivalentes Mentales

La capacidad para manifestar depende de tener un equivalente mental de lo que deseas. Amplía tus conceptos para aumentar tus posibilidades. Con cada pensamiento positivo, te desarrollas y te liberas. Comienza donde estás, negando lo que aparenta ser. Al aflojar creencias erróneas, tu concepto de la vida se corrige y te elevas.

Permanece con el Uno sin desviarte. En momentos difíciles, demuéstrate que no hay obstrucciones. Abandona todas las amarras aparentes y recibirás grandes recompensas.

En el Trabajo

Si tienes una tienda y quieres atraer clientes, imagina el local lleno. Trabaja inteligentemente, pide y recibe. Tu concepto se manifestará exactamente como lo imaginas. Las circunstancias objetivas reflejan tu mentalidad subjetiva.

Recibir Información

Si deseas información especial, di: "Deseo saber esto y lo sé". Declara: "El Espíritu me dice lo que debo saber". Acepta cualquier forma en que llegue el conocimiento. Considera la manifestación completa cuando la recibas. Di: "Todo lo necesario está ahora en funcionamiento y lo acepto".

Sin Fracasos

Reconoce que no existen fracasos en el universo. Borra la idea del fracaso y afirma: "No hay falta, limitación o temor al fracaso". El fracaso es un pensamiento falso sin verdad. Ante argumentos en contra, niega aceptarlos.

Oportunidad

Si piensas: "Hay demasiada gente en mi negocio", cambia ese pensamiento: "No hay competencia ni monopolio". Libera el esfuerzo de expresarse. No dependas de la gente ni de fuentes específicas. Di que las cosas son y déjalas venir. Protege tu manifestación de pensamientos falsos.

Todo se mueve por la Mente. Dios crea directamente con pensamiento. El pensamiento y la cosa son uno. "Lo que tienes y lo que eres son el resultado de tu pensamiento". Continúa afirmando hasta que tu deseo se manifieste. Esto es inevitable según la Ley.

Sin Errores

Declara que no hay errores, que representas la Verdad infalible. Afirma: "No hay errores en el Plan Divino para mí; no hay miedo, limitación, pobreza o carencia. Estoy en la oportunidad eterna, irradiando alegría, paz y felicidad. Soy la Vida". Completa la afirmación diciendo: "Esa Vida es mi Vida ahora", conectándola con la tuya. No hay otra Vida.

Dios no cambia; Él Es completo. La evolución es la expresión de Dios que ya Es, en constante curso.

Demostración por Prueba

Si estás en una situación difícil, no te muevas hasta que tu pensamiento te lleve a otro lugar. No empujes nada, simplemente permanece hasta que tu palabra te lleve a otro lugar, demostrando así tu manifestación.

El Manejo del Aula

Un maestro debe tratar el pensamiento de los alumnos como una unidad. Reconoce que hay Una Mente operando a través de todos, creando paz y armonía. Conoce la Verdad para armonizar cualquier discordia.

Ley de Correspondencia

Nuestra capacidad para manifestar depende de proporcionar un equivalente mental de nuestro deseo. Amplía tu conciencia para inducir conceptos más grandes y liberar tu libertad. Medita diariamente sobre el Bien Universal, conectando con el Espíritu Infinito que es Dios. Conecta con este Principio Superior y adquiere un mayor equivalente mental.

Para quienes tienen pensamientos pequeños, medita en la grandeza del universo: las estrellas, los océanos, el espacio. Obliga a tu mente a reconocer la Realidad y la Verdad. Siente la actividad y la Vida que emana del universo. Acepta que tus vidas son el resultado de tus pensamientos e ideas. Nada es real si no lo haces real. No permitas que te hieran los sentimientos y cree en tu propia maravilla. La manifestación de la Mente Infinita es lo más maravilloso.

"Despierta y levántate, y Cristo te alumbrará. Si no abro las ventanas del cielo y derramo bendiciones, no habrá lugar para recibirlas. Sé firme y serás firme. Actúa como si Yo fuera y Yo seré. Mira a la Deidad y la Deidad te mirará. Como has creído, así se hará. Pide y se te dará. Mi palabra prosperará."

Resumen

Las limitaciones y la pobreza no son entidades externas, sino resultados de pensamientos restrictivos. Estamos rodeados por una Inteligencia Subjetiva que capta nuestras ideas y actúa en consecuencia. Esta Inteligencia es una Ley natural del Mundo Mental y, por lo tanto, no es ni buena ni mala. Simplemente existe y podemos utilizarla de manera consciente.

Esta Ley refleja nuestras condiciones, ya que la vida actúa como un espejo que refleja las imágenes de nuestros pensamientos. Todo lo que pensamos tiende a materializarse y formar parte de nuestra experiencia.

La Mente Universal, que funciona como esta Ley, es el medio de todo pensamiento. Siempre es impersonal, neutral, receptiva y reactiva.

Sentir separación del bien nos limita, mientras que reconocer nuestra Unidad con el Bien transforma las causas y mejora nuestra experiencia.

Todo en el universo material es un efecto basado en una imagen mental subyacente.

Nuestra individualidad nos permite usar la Ley como deseemos, pero estamos limitados por pensamientos restringidos. El mismo poder que nos ata puede liberarnos cuando entendemos que la Ley es de libertad, no de esclavitud. El poder interno puede liberarnos de condiciones adversas si comprendemos y utilizamos correctamente la Ley que lo gobierna.

La Ley de la Mente, que dirige toda acción, mantiene un equilibrio perfecto; el Mundo Objetivo equilibra las imágenes del Mundo Subjetivo. Así como el agua se nivela por su propio peso, la conciencia se manifiesta a su nivel correspondiente. Causa y efecto son dos aspectos de una misma realidad: una imagen en la mente y una condición objetiva.

El universo manifiesto surge de la Autocontemplación del Ser. La vida humana es fruto de nuestra autocontemplación. Inicialmente, ignoramos esto y nos atamos a través de pensamientos y acciones erróneas; al invertir este pensamiento, mejoramos nuestra condición.

Conocer la Verdad no requiere esfuerzo ni tensión. La acción correcta surge del conocimiento correcto; al entender la Verdad, actuamos adecuadamente.

La atracción y la repulsión son cualidades mentales que podemos usar conscientemente para objetivos específicos. Atraemos externas las correspondencias de nuestras actitudes internas. Estas actitudes pueden ser inducidas mediante pensamientos y conocimientos adecuados. Nuestro estado mental es el poder que siempre actúa, resultado de nuestras creencias. Podemos cambiar este estado mediante acciones mentales correctas. El pensamiento consciente dirige al subconsciente, y este último controla nuestras condiciones.

Visualizar la acción correcta produce imágenes en nuestros asuntos externos.

Como la Ley es mental, debemos creer en ella para que trabaje a nuestro favor; siempre actúa según nuestra creencia, consciente o inconscientemente.

La demostración ocurre a través de la Mente Universal Única; nosotros activamos el Poder y la Ley genera el efecto. Plantamos una semilla y la Ley produce la planta.

Nunca debes pensar o hablar de limitación o pobreza. La vida refleja lo que piensas en ella.

El plan divino para el ser humano es perfecto. Al alinearnos con él, nos liberamos de la esclavitud. Cuanto más espiritual sea tu pensamiento, más elevada será tu manifestación. Pensar espiritualmente significa creer y confiar plenamente en la Verdad; esto es natural y normal.

Todo es Amor y Ley; el Amor impulsa y la Ley ejecuta su voluntad. Eres un centro de la Conciencia Divina en el Todo; no puedes distorsionar tu ser real, pero puedes limitar la expresión del Todo a través de tu vida. Al unirte completamente y confiar absolutamente, te verás salvado, ayudado y prosperado.

Existe una Mente Infinita de la cual todo procede; está dentro, a través y alrededor de ti. Es la única Mente y cada pensamiento la utiliza. Hay un Espíritu Infinito, y al decir "Yo soy", lo proclamas. Una Sustancia Infinita te mueve, y una Ley Infinita se activa con cada pensamiento. Al hablar con este Dios Infinito, recibes respuestas directas. ¡Uno! "Yo Soy Dios y no hay otro". La Vida Ilimitada te devuelve lo que piensas en ella. ¡Uno! "En todo, sobre todo y a través de todo".

Habla, vive, actúa, cree y reconoce que eres un centro en el Uno. Todo el Poder, Presencia, Amor, Paz, Bien y el Único Dios son Omnipresentes; el Infinito está en ti y en todo. "Actúa como si Yo fuera y Yo Seré".

Quinta Lección: Misticismo

Un místico no es alguien misterioso, sino quien tiene una profunda conexión interior con la Vida y la Unidad con el Todo. Misticismo y misterio son diferentes; uno es real, el otro puede ser una ilusión. La Verdad no es misteriosa cuando se comprende, aunque todo parece misterioso hasta ese momento.

Un místico percibe intuitivamente la Verdad y alcanza realizaciones espirituales sin procesos mentales. Las enseñanzas de grandes místicos enriquecen la filosofía mundial.

La civilización actual se basa en las enseñanzas de pocos que han comprendido intuitivamente la Verdad Espiritual. Nuestro código legal fue dado por Moisés, quien percibió que vivimos en un Universo de Ley. Los códigos éticos provienen de profetas que culminaron en enseñanzas de Jesús y Buda. Solo el Espíritu pudo haber guiado a estos grandes maestros.

El misticismo ha inspirado lo mejor de la literatura, música y arte. Grandes religiones surgieron de quienes alcanzaron visiones espirituales profundas, revelando la Presencia Divina en todo.

Los poetas como Browning, Tennyson y Whitman fueron verdaderos místicos, creando poesía inmortal gracias a su conexión con la Presencia Divina. Los filósofos, profetas y líderes espirituales compartieron una experiencia común de una Presencia Viviente.

La mejor música y arte provienen de místicos, reflejando su conexión con la realidad espiritual.

Aunque la humanidad ha conquistado la naturaleza con tecnología y civilización, pocos han conquistado su propia alma.

Lo más elevado de nuestra civilización es fruto del sentido místico percibido por unos pocos. Las comodidades modernas son insignificantes comparadas con las enseñanzas de Jesús. No desestimamos la modernidad, sino que valoramos todo lo que enriquece la vida, pero entendemos que son temporales.

Los místicos han revelado Verdades Eternas, enseñando que una Presencia Viviente habita en todo.

Misticismo Vs. Sentido Psíquico

Existe una gran diferencia entre misticismo y psíquico. La capacidad psíquica será explorada en la Lección Seis. Un psíquico ordinario lee subjetivamente, pudiendo tratar realidad o ilusión. Si un psíquico penetrara en el pensamiento divino, sería un místico.

Un místico no lee pensamientos humanos, sino el Pensamiento Divino. ¿Cómo sabemos esto? Porque místicos de todas las épocas han compartido la misma Verdad, a diferencia de las experiencias psíquicas que varían. Las experiencias místicas han revelado una Verdad unificada.

Todos los místicos coinciden en que solo hay una Realidad Última presente ahora, si pudiéramos verla.

Aunque creen en un Dios Personal, no antropomórfico, reconocen que Dios actúa conscientemente a través del ser humano y lo veneran.

Los místicos han visto el Universo Espiritual y enseñan que el Reino de Dios está presente y solo necesita ser realizado internamente.

Un psíquico ve a través de su subjetividad, lo que distorsiona su percepción. En cambio, los místicos, guiados por el Espíritu, han visto una verdad unificada.

La mística revela que el mal no es una realidad última, sino una experiencia del alma en su camino hacia la Realidad. El mal es una consecuencia del mal uso del poder y desaparecerá al dejar de enfocarse en él. Por eso, los místicos enseñan a alejarnos del mal y hacer el bien.

Los místicos enseñan la salvación final y la inmortalidad del alma, presente ahora mismo si despertamos a esta realidad. "Somos Hijos de Dios" y al ser parte del Todo, ninguna alma puede perderse. Dios es el Dios de los vivos, y la condenación es una ilusión para la Mente Divina.

Los místicos enseñan que no debes cargar con pesares si te vuelves hacia "El Uno". "Venid a Mí todos los que estáis fatigados y descansad". Esto implica comprender la Vida y la Realidad, confiando en el Gran Dios. Aprenderemos a depositar nuestras cargas en el

Altar del Amor, consumidas por la fe en el Espíritu Viviente. Mantén siempre tu "Alta vigilancia" hacia "El Uno" para liberarte.

Unidad de Todos

Jesús oró por la Unidad de la Vida, deseando que todos sean Uno como Él. Los místicos han sentido que vivimos en Una Vida: "En Él vivimos, nos movemos y existimos". La Unidad del Bien nos enseña que somos Uno con el Todo y entre nosotros, resolviendo la desigualdad humana. La verdadera Paternidad de Dios y la Hermandad del Hombre se manifestarán cuando comprendamos esta Unidad.

Ningún místico ha negado la individualidad. A mayor comprensión de la Verdad, mayor es la realización de tu carácter y personalidad únicos. El Yo Real es dado por Dios y es el punto donde Él se expresa individualmente. "Yo soy la Luz del mundo".

Todos los místicos han sido personas normales, viviendo como los demás pero con una conexión interior profunda con el Espíritu Viviente. Han vivido de manera natural, sin misterio. Aquellos que se ocultan en el misterio no son verdaderos místicos, sino que operan bajo ilusiones. Un verdadero místico se ve a sí mismo como Uno con el Todo.

La Gran Luz

Es difícil expresar con palabras lo que un místico ve. Sin embargo, hay una sensación interna de ver la Realidad en un destello de luz que ilumina todo el ser. Todos los místicos han experimentado esto, con algunos más intensamente que otros. En momentos de profunda realización, han visto que Una Vida fluye a través de Todo, percibiendo una Sustancia brillante y eterna. Estas revelaciones no son ilusiones, ya que todos los místicos han visto la misma Verdad.

Los místicos han enseñado que el alma está en camino de autodescubrimiento y regreso a su Hogar Celestial. Han revelado la Divinidad en el ser humano. "Vosotros sois dioses; hijos del Altísimo". La creación es Completa y Perfecta ahora. Al volverte hacia "El Uno", recibirás inspiración divina.

Han hablado de la relación estrecha entre Dios y el hombre, una unión inquebrantable. Los místicos han caminado conscientemente con Dios, demostrando que es posible comunicarse con el Espíritu, ya que está dentro de cada uno.

Instinto e Intuición

El instinto en los animales dirige sus acciones para sobrevivir, es la Omnisciencia animal. En el ser humano, esta cualidad se desarrolla como intuición, la manifestación de Dios en nosotros, revelando las

Realidades del Ser. La intuición guía al hombre si le permitimos actuar. No confundas una impresión psíquica con una intuición; las primeras intentan controlar, mientras la segunda espera tu reconocimiento.

El control cesa al alcanzar el autoconocimiento. La intuición, que es Dios en el hombre, espera tu cooperación. Los místicos han sentido este poder interno y respondido a él, demostrando que no operan bajo engaños, ya que todos comparten la misma experiencia.

Iluminación y Conciencia Cósmica

La Iluminación y la Conciencia Cósmica son experiencias de autoconocimiento divino. Cuanto más opera este Poder, más completa es la realización del Ser Verdadero y la Unidad con el Todo. La iluminación surge al alinearte con la Verdad y permitir que opere a través de ti. Solo en tu interior puedes conectar con el Todo. "Háblale tú, que Él escucha".

El único Dios que conoces está dentro de ti, en tu vida interior. Jesús dijo que el Reino de los Cielos está dentro y rezó: "Padre Nuestro que estás en los Cielos", indicando que Dios reside en el centro de tu vida.

La práctica mental más elevada es escuchar tu Voz Interior y reconocer Su Presencia. A mayor conciencia de este YO SOY Morador, mayor será tu poder. Esto siempre conduce a la Realidad, no a la ilusión. Las grandes almas han permitido que la Mente de Dios fluya a través de ellas. "El Padre que mora en Mí, Él hace las obras". Esta declaración del Maestro debe ser también la nuestra, abarcando una vida ilimitada.

Comprender el verdadero poder de Jesús es sencillo al analizar su manera de actuar. Tomemos como ejemplo la resurrección de Lázaro. Jesús se detuvo ante la tumba y agradeció, reconociendo la presencia divina. Luego afirmó: "Sabía que siempre me escuchabas", un acto de conexión profunda, y finalmente ordenó: "Lázaro, sal". Este método es impecable y merece ser estudiado y seguido. Podemos aplicar este enfoque en cualquier proceso de sanación. Primero, reconoce que existe una Fuerza Superior; luego, conéctate con ella y finalmente emite tu intención con autoridad, ya que la Ley actúa como un canal del Espíritu Eterno a través de los tiempos.

Es esencial mirar hacia dentro, como lo han hecho aquellas almas que han enriquecido el mundo con su presencia. Debemos descubrir a Dios en nuestro interior, lo cual debería ser algo natural y normal. Al hacerlo, sentimos una conexión real con la Fuerza Única del Universo. Este método es sumamente efectivo, proporcionando una sensación de poder única que confirma su realidad. Imagina si el mundo resolviera sus problemas mediante el poder del Espíritu; eventualmente, todos lo harían, desde lo más alto hasta lo más bajo.

Solo quien logra su Unidad con el Gran Todo experimenta una verdadera plenitud. La satisfacción plena llegará cuando todo nuestro ser responda a este pensamiento, y entonces, verdaderamente, "Dios renacerá en la Creación".

El Todo Integrado

El Universo se compone de Espíritu, Alma y Cuerpo, todos entrelazados en cada instante. Este concepto representa el Todo Indivisible, donde lo Absoluto incluye lo relativo y lo Increado abarca toda la Creación. La Creación da forma a la esencia del Espíritu, que es inmutable y permite todo cambio como movimiento dentro de la Vida.

El Infinito carece de forma, pero contiene todas las formas como expresiones de sus experiencias. El Espíritu abarca todo el espacio y es atemporal, donde la creación y la experiencia son eternas, aunque una experiencia específica tenga inicio y fin.

En el gran círculo universal, cada persona es una expresión individual de la única Persona del Universo, Dios, que es la fuente de toda Vida, Poder, Amor y Mente. No hay separación entre Dios y el hombre; estamos todos unidos en esta Gran Presencia.

Individualidad Humana

Cada persona representa un punto dentro del gran círculo, reflejando la unidad con la Mente Divina. Somos la Personificación de la Vida Infinita, y dentro de nosotros reside la esencia de Dios. No estamos separados del Todo; somos uno con él. Nuestra conciencia individualizada es una manifestación de la Mente Infinita, llevando a un autodescubrimiento continuo.

Creemos que nuestra personalidad está en un camino de descubrimiento, revelando verdades que simplemente descubrimos y utilizamos. A medida que desarrollamos nuestra personalidad, descubrimos capacidades que nunca imaginamos.

Evolución Continua

Nuestra vida es una manifestación de la inteligencia según la ley universal, evolucionando al reconocer mayores posibilidades. La evolución personal surge del autorreconocimiento, impulsada por una fuerza divina que nos empuja hacia adelante. La persona que más se reconoce como parte de esta Mente Infinita posee mayor poder. Jesús ejemplificó esto al decir: "No hablo por mí misma, sino el Padre que está en mí".

La evolución humana será más completa al equilibrar nuestras capacidades objetivas y subjetivas, controlando conscientemente las fuerzas espirituales que emergen. Este equilibrio produce iluminación y conciencia de nuestra unidad con el Todo.

En el tratamiento, nos enfocamos en superar pensamientos falsos y acceder a la Realidad, sin limitaciones. La Inteligencia y la Ley son infinitas, y nuestras limitaciones son solo formas pasajeras dentro de lo infinito.

La Verdad Interior

Nuestra inteligencia consciente entiende la Vida en la medida de nuestra comprensión. Hemos dejado de buscar el Espíritu porque ya lo somos. La Ley Universal, conocida como la Subjetividad Universal o Alma, se manifiesta en nuestros pensamientos individuales. La verdad reside en la unidad de Dios y el hombre, alcanzable mediante una mayor comprensión de nuestra naturaleza divina interior.

La evolución y la iluminación dependen de nuestro propio esfuerzo para dejar que la Vida opere a través de nosotros. "Que esta Mente esté en ustedes como la de Cristo Jesús", reflejando la Mente de Dios, la Suprema Inteligencia del Universo.

La Respuesta Interna

La solución a todas las preguntas y problemas está dentro de nosotros, pues somos parte del Espíritu, un Todo Indivisible. Jesús enseñó que "El Reino de Dios está dentro de ustedes", señalando que cada uno representa al Todo. En lugar de ver al Todo como un poder autoritario, reconocemos que Dios es la Ley y el Espíritu Infinito, la Vida Consciente del Universo.

Dios como Personalidad Infinita

Dios es una Personalidad Suprema, Infinita y Sensible a nuestras acciones. Al sentir una comunión con Él, nos manifestamos plenamente. Un alma evolucionada adora a Dios en todo, reconociendo que somos la luz del mundo, reflejando a Dios en nosotros y siendo parte de algo mayor.

Cuanto más nos acercamos a la Verdad, más poder adquirimos. Los ángeles observan a quienes perciben los Propósitos Cósmicos, ya que el Todo busca expresarse. Al reconocer nuestro Propósito Cósmico y elevar nuestros pensamientos, automáticamente nos volvemos más poderosos.

El proceso de sanación combina técnica y Espíritu, requiriendo amor y comprensión científica. Los pensamientos crean realidades, y al mantener una mentalidad positiva, eliminamos limitaciones y promovemos la prosperidad.

La Unidad Suprema

Toda Manifestación de Vida surge de lo invisible a lo visible, siendo un proceso espiritual continuo. Nos unificamos con el Espíritu Puro, reconociendo a Dios como la Suprema Personalidad del Universo. La relación con esta Deidad nos otorga poder, y al igual que una gota está en el océano, estamos en Dios y Dios está en nosotros. Esta unión es la base de nuestro poder y se refleja en nuestras palabras.

Dentro de la Mente Infinita, cada individuo es una parte esencial de la Conciencia Universal. No estamos separados de la Vida; somos centros de conciencia dentro de ella. La Vida Instintiva nos guía hacia la paz y la unión con nuestra Fuente.

Mantenerse en el Bien

El pensamiento claro tiene el poder de eliminar obstáculos, ya que todo es conciencia y Mente. Utiliza las ideas como herramientas, mantén una visión clara y no te desanimes ante las limitaciones. La Verdad es absoluta y está en el reconocimiento de nuestra unidad con Dios.

No luches, reconoce que todo es tu derecho divino. Declara tu conexión con la Inteligencia Infinita, el Amor Divino y la Libertad Sin Límites. Evita pensamientos destructivos y enfócate en lo positivo para lograr un progreso maravilloso.

El poder del pensamiento es la causa primera. Curar enfermedades con el pensamiento demuestra que actuamos desde la Causa Primaria. Neutraliza la confusión y la duda, y concédele a tu mente la imagen de ser tranquilo, equilibrado y poderoso. Adopta una autoimagen divina hasta que se convierta en tu realidad.

Personalidad del Infinito

El verdadero poder de Jesús estaba en reconocer a la Persona Infinita como una Realidad Consciente. Él entendió la Ley como una fuerza que debía alinearse con su voluntad. La combinación de atributos personales e impersonales hace efectiva la obra divina. El Infinito es personal para quienes creen en él, equilibrando la presencia viviente y el principio universal.

El Cristo Interior

Cada hombre es el Cristo, el Hijo engendrado del Padre único. Cristo representa la Filiación Universal, siendo cada uno miembro de un cuerpo único. Participamos de la naturaleza crística a medida que se revela en nosotros, convirtiéndonos en Cristo. Al unificarnos con la Presencia Interior, sanamos a otros y manifestamos la Vida Perfecta.

Conocemos la Ley y permitimos que nuestra palabra, impregnada de amor y paz, actúe automáticamente. Nos conectamos profundamente con la Realización Interior para manifestar nuestras intenciones.

Realización Espiritual

Nos lanzamos al vacío con confianza, encontrando firmeza en nuestra conexión con el Universo. En el momento de realización suprema, nos fundimos con el Todo, sin perder nuestra individualidad. Este estado permite que el Todo fluya libremente, realizando milagros y alcanzando la plenitud consciente.

Entendemos el Infinito a través de nuestra percepción, practicando meditaciones que refuerzan nuestra conexión con la Vida. Declaramos nuestra unidad con la Verdad y nos abrimos a la intuición, que nos guía hacia la iluminación.

Práctica de la Meditación

Dedica tiempo diario a meditar internamente, reconociendo que tus palabras son verdades que se cumplen. Las afirmaciones deben ser completas, ascendiendo por encima de las apariencias para ser efectivas. El tratamiento y la demostración ocurren en tu mente, asegurando su eficacia.

Si percibes a alguien como sano, esa persona experimentará sanación. No proyectes pensamientos, simplemente lleva la condición a la realización de la Vida. Declara afirmaciones de plenitud y unidad, integrando conceptos divinos en tu conciencia.

Para la sanación económica, afirma la fluidez infinita de la sustancia y la inteligencia dentro de ti. Visualiza tus deseos como realidades y repite afirmaciones que reflejen tu unidad con el Todo. Evita pensamientos negativos y enfócate en la sabiduría y el poder divinos.

Esta enseñanza nos guía hacia la libertad, desplegando continuamente desde una Fuente Infinita hacia otra. "Levántate y brilla, porque tu luz ha llegado". "Yo soy el que soy".

Resumen

En esta lección descubrimos que un místico no es alguien misterioso o elusivo, sino alguien que ha cultivado una profunda conexión interior con la Vida y ha alcanzado un sentido de unidad con el Todo.

A través de las experiencias y enseñanzas de los grandes místicos, se nos revela que existe una Verdad universal que trasciende las aparentes divisiones y contradicciones del mundo material. Esta Verdad es la realidad última de un Dios personal pero no antropomórfico, una Presencia Divina que impregna toda la Creación y que se expresa a través de cada ser.

Los místicos nos invitan a reconocer que el Reino de los Cielos no es un lugar lejano, sino un estado de conciencia accesible aquí y ahora. A través de la práctica de la meditación y la contemplación, podemos sintonizarnos con esta realidad superior y experimentar momentos de iluminación y unidad con lo Divino.

Se nos revela que el camino místico no implica negar el mundo o renunciar a nuestra individualidad, sino todo lo contrario. A medida que profundizamos en nuestra relación con el Espíritu, nuestra verdadera naturaleza y propósito se revelan con mayor claridad. Nos convertimos en canales más puros para la expresión del Amor y la Sabiduría universal, y nuestra vida se impregna de un sentido de plenitud y significado trascendente.

Esta lección también explora la diferencia entre las experiencias místicas genuinas y los fenómenos psíquicos ordinarios. Mientras que estos últimos pueden ser impresionantes pero confusos, las verdaderas revelaciones místicas tienen un carácter universal y transformador. Nos elevan hacia una comprensión más profunda de la unidad de la vida y nos inspiran a vivir desde nuestra naturaleza divina.

Sexta Lección: Fenómenos Psíquicos

Hoy en día, la mayoría de las personas conocen algo sobre los fenómenos psíquicos. No tendría sentido en este curso intentar una investigación detallada, ya que expertos han proporcionado suficiente información.

Los seres humanos poseen capacidades que van más allá de los sentidos físicos: pueden comunicarse sin palabras, escuchar sin oídos, ver sin ojos, y mover objetos sin manos, entre otras habilidades sorprendentes. Estos fenómenos ya han sido comprobados, por lo que no es necesario presentar más pruebas.

Aunque estos hechos están confirmados, no se ha discutido profundamente la razón de su existencia. Este capítulo busca explicar las bases de la ley de la acción mental conocida como psíquica. Si algo sucede, debe haber una causa y una ley que lo rija.

Este tema se incluye en un curso de Ciencia Mental porque, al tratarse de fenómenos de la mente, pertenece a las acciones mentales conocidas.

Los fenómenos psíquicos están vinculados a la idea de inmortalidad porque se relacionan con poderes invisibles que atribuimos al alma. Además, muchos creen que estos fenómenos son obra de espíritus desencarnados.

Aunque no nos disculpamos por lo que sigue, es justo reconocer que muchos científicos destacados han investigado estos temas y, hasta donde sabemos, ninguno ha refutado los hechos que se presentarán.

Los poderes psíquicos existen en el ser humano y algún día se utilizarán conscientemente, beneficiándonos enormemente. Mientras tanto, es importante acercarse a este tema con cautela. Un poco de conocimiento puede ser peligroso, y es lamentable que pocas personas con habilidades psíquicas comprendan la ley que los rige. La ignorancia lleva a muchos por el camino equivocado, por lo que debemos ser cuidadosos. Sin embargo, este tema, que forma parte de las leyes conocidas de la acción mental, debe ser tratado.

Dios nos ha dado una mente para conocer y discernir la verdad, y es un error grave abusar de ese poder. La evolución busca crear un ser humano autoconsciente que represente la Naturaleza Divina, lograble solo si permanecemos fieles a nosotros mismos.

Estudiaremos este tema con una mente abierta, sin supersticiones y sin ver lo natural como antinatural. La naturaleza siempre es natural; solo consideramos misteriosas las cosas que no entendemos.

Fenómenos Psíquicos

Psique significa alma; los fenómenos psíquicos son las manifestaciones del alma. Hemos visto que lo que llamamos alma es la parte subjetiva de nosotros. No tenemos dos mentes, pero sí un aspecto dual: la mente objetiva y la subjetiva. La mente objetiva opera conscientemente y es la parte de nosotros que se conoce a sí misma; sin ella, no seríamos entidades conscientes.

Nuestra mente subjetiva es nuestra conexión con la Subjetividad Universal; es nuestro uso individual de la ley mental. También es el canal a través del cual opera el Hombre Instintivo, gestionando las funciones del cuerpo de manera silenciosa. La mente subjetiva individual incluye el trabajo del Hombre Instintivo y todas nuestras experiencias conscientes y subconscientes.

La mente subjetiva alberga la memoria y las emociones instintivas. Como depósito de recuerdos, guarda todo lo que le ha sucedido al ser exterior. Esta memoria es perfecta y retiene cada experiencia de la vida individual. Además, guarda características familiares y raciales experimentadas por el ser individual, almacenándolas como imágenes o impresiones mentales. Esto se evidencia en que se han capturado imágenes definidas de pensamientos subjetivos. No todas las impresiones son imágenes, pero seguramente todo lo que se ha visto externamente se guarda como una imagen definida.

La mente subjetiva es como una galería donde cuelgan los cuadros de todas las personas y eventos que el individuo ha conocido y experimentado.

La mente subjetiva, al ser únicamente deductiva en su razonamiento, retiene todas las impresiones mentales recibidas. Por ello, contiene mucho que la mente objetiva no conoce conscientemente. Al entender que la subjetividad individual es el uso de la Mente Subjetiva Única, veremos que hay una unidad subjetiva entre todas las personas. Las mentalidades individuales en sintonía entre sí se mezclan y se sugieren mutuamente. Esto es la influencia mental, algo muy real. La mente subjetiva también recibe sugestiones de la raza y es influenciada por su entorno, todo de manera silenciosa y mayormente desconocida para el receptor.

La sugestión racial es real, y cada individuo lleva consigo impresiones inconscientes debido a la influencia constante entre las personas bajo esta ley.

Es probable que entre amigos exista una comunicación silenciosa, una conversación mental inconsciente que ocurre subjetivamente. Cuando esto se hace consciente, se llama telepatía mental. Esta comunicación ocurre todo el tiempo, consciente o no. Recibimos impresiones vagas que raramente salen a la superficie, pero están ahí, construyendo impresiones y pensamientos silenciosos en nuestras mentes.

La mente subjetiva, como almacén de la memoria, retiene todo lo que el ojo ha visto, el oído ha escuchado o la mente ha concebido. Contiene mucho que el ser exterior no conoció conscientemente y es receptora de gran parte del conocimiento racial. A través de la comunicación inconsciente, posee un conocimiento que supera las capacidades objetivas.

Entendiendo que lo subjetivo atrae lo que vibra en sintonía, cualquier persona que conecte con la raza o el pensamiento racial puede captar sus emociones y experiencias, describiéndolas conscientemente si logra sacarlas a la superficie. Muchos oradores, actores y escritores lo han logrado, lo que explica su comportamiento a veces errático debido a las emociones que han captado.

Nuestros mejores oradores conectan con la mentalidad subjetiva de su público, no solo diciendo lo que desean, sino enviando vibraciones que causan fuertes impresiones subjetivas. Muchos oradores pueden controlar completamente a su audiencia, como Napoleón, cuya tremenda influencia se debía a esta capacidad.

Cantantes y poetas entran en estados subjetivos al crear, respondiendo y reflejando emociones fuertes en sus oyentes. Esto se llama temperamento, esencial para su éxito.

Los escritores acceden al pensamiento racial, describiendo emociones y esfuerzos colectivos. Los poetas ejemplifican esta capacidad, permitiendo que el alma aflore. La inspiración es la pérdida en la obra creativa, permitiendo que el espíritu hable.

En la predicación, el orador a menudo conecta con los deseos internos de las personas, revelándolos y fusionándolos con los suyos, creando discursos inspirados.

Quienes conectan con la mentalidad racial y dejan que aflore tienen un conocimiento profundo, mayor que años de estudio. Sin embargo, si esto implica perder la individualidad, es mejor permanecer ignorante.

Ya hemos explorado la fuente de la inspiración humana. Existe un conocimiento más profundo que la mente subjetiva: el Espíritu. El contacto directo con el Espíritu es la Iluminación, desarrollada por pocos, quienes han aportado la mayor literatura, religión y leyes al mundo.

Atmósferas Mentales

Cada persona tiene una atmósfera mental resultante de sus pensamientos, palabras, acciones y percepciones, conscientes o inconscientes. Esta atmósfera influye en la atracción personal, que va más allá de la apariencia, siendo profunda y subjetiva. Explica por qué algunos nos agradan instantáneamente y otros no, basado en sus vibraciones mentales. El pensamiento interno pesa más que las palabras. Como dijo Emerson: "Lo que eres habla tan alto que no puedo oír lo que dices".

Al interactuar, nos atraen o repelen instantáneamente según las vibraciones percibidas. Alguien con una atmósfera de amor y felicidad siempre atraerá amigos.

Los niños perciben intensamente las atmósferas mentales, siendo atraídos por quienes son internamente correctos y rechazando a los incorrectos. Animales como los perros sienten las atmósferas con agudeza, actuando como amigos o enemigos según perciben nuestra actitud. Las atmósferas personales varían en intensidad, ya que cada uno crea su propia atmósfera mental.

Crear Encanto Personal

Puedes crear encanto personal aprendiendo a amar a todos y no odiar a nadie. Como dijo Emerson: "Si quieres un amigo, sé uno". Para tener amigos, sé amistoso; para amor, aprende a amar. No hay excusa para no tener poder de atracción, ya que es una cualidad mental que se puede desarrollar con práctica.

La Atmósfera de los Lugares

Así como las personas tienen una atmósfera mental, también los lugares la tienen. La atmósfera de un lugar refleja los pensamientos creados en él, influenciados por quienes lo habitan. Esto explica por qué algunos lugares te hacen sentir bien y otros no. Por ejemplo, amamos nuestros hogares porque están llenos de amor y paz. Una esposa sabia mantiene un ambiente agradable, fortaleciendo el amor y evitando perder a su compañero. Muchos hogares infelices podrían armonizarse si se comprendiera y aplicara esta ley.

La atmósfera del hogar no debe enturbiarse con las preocupaciones externas. Debe ser un refugio de amor y armonía, donde se establezca el Reino de Dios y las familias vivan en paz y alegría.

Frecuentemente, los celos y engaños oscurecen la alegría del hogar, pero esto puede cambiar invirtiendo pensamientos negativos por amor y ternura.

No hay nada peor para un niño que vivir en un hogar infeliz. El hogar debe ser el cielo en la tierra, de lo contrario, se desmorona en esperanzas muertas.

La atmósfera del desierto es tranquila, libre de pensamientos humanos confusos, ofreciendo paz. Lo mismo ocurre con montañas, lagos y lugares remotos, que aportan calma y enseñanzas de una vida sin conflictos humanos.

Incluso objetos insignificantes tienen una atmósfera subjetiva. Por ejemplo, un abrigo familiar conserva la energía de su dueño. Todo tiene una atmósfera que percibimos y que nos gusta o disgusta.

La Mente de la Raza

Cada pueblo, ciudad o nación tiene su atmósfera individual. Ciudades llenas de vida y cultura tienen una atmósfera vibrante, mientras que otras parecen muertas. Esto refleja las mentalidades de sus habitantes. Una ciudad enfocada en altos esfuerzos tendrá una atmósfera de cultura y refinamiento, mientras que una centrada en la riqueza tendrá una atmósfera de apego y codicia. Esto se siente claramente al visitar estos lugares.

Al igual que una ciudad, una nación entera tiene una atmósfera formada por la combinación de las atmósferas individuales de sus habitantes, creando una psicología nacional.

La Mente de la Historia

Al considerar que la Mente Subjetiva es Universal, entendemos que la historia de la raza está escrita en la atmósfera mental de nuestro planeta. Todo lo que ha sucedido deja su huella en el tiempo; si pudiéramos leer estas huellas, conoceríamos la historia de la raza. Las vibraciones de la voz humana pueden conservarse y reproducirse, permitiendo que las paredes del tiempo cuenten la historia de la humanidad.

Telepatía

La telepatía, o transferencia de pensamientos, es ampliamente conocida. Sin embargo, es importante destacar que no sería posible sin un medio: la Mente Universal. A través de ella, ocurre toda transferencia de pensamiento. La telepatía es leer pensamientos subjetivos sin palabras, similar a sintonizar una radio. Necesitamos sintonizar mentalmente para recibir mensajes claros, ya que hay muchas interferencias.

En la telepatía, el receptor debe sintonizar con el emisor, pero esto no implica que el emisor sepa quién escucha. Solo unas pocas personas pueden escuchar mentalmente con cierto éxito. Afortunadamente, solo recibimos mensajes con los que vibramos, eligiendo conscientemente qué captar. Nos protegemos mentalmente como lo haríamos físicamente.

Sintonizar con el Pensamiento

Algunas personas parecen sintonizar y leer pensamientos como si leyeran un libro. Estas personas son consideradas psíquicas, pero en realidad todos somos psíquicos, ya que todos tenemos una mente subjetiva. Un psíquico o médium puede objetivar lo subjetivo, trayendo a la conciencia lo que está oculto en la mente exterior. El médium lee del libro de los recuerdos, cuya amplitud es asombrosa.

Imágenes Mentales y Unidad Mental

Todo lo que existe en el mundo objetivo primero habita en el subjetivo como imágenes mentales. Por lo tanto, todas las experiencias ocurridas en la Tierra están presentes en la atmósfera subjetiva, representadas como imágenes en las paredes del tiempo que pueden ser leídas por quienes saben observarlas. La Subjetividad Universal, siendo una unidad indivisible, contiene todas estas imágenes en cada punto de sí misma, permitiéndonos acceder a cualquier evento pasado desde nuestra propia mente subjetiva. Esto incluye imágenes de eventos históricos como aquellos en una antigua arena romana. Este fenómeno se conoce como "La Ilusión de la Mente" o el mar psíquico, indicando que la Mente no es una ilusión, sino que puede mostrarnos imágenes engañosas si no prestamos atención a su verdadera naturaleza.

Es crucial entender que cada persona, en su estado objetivo, es un centro único en la Mente Universal, pero en el estado subjetivo, cada individuo está conectado universalmente debido a la indivisibilidad de la Mente. Cuando dos personas entran en contacto subjetivo, un psíquico puede percibir los pensamientos de otra persona sin necesariamente ver a la persona en sí misma.

Claves para un Trabajo Psíquico Efectivo

La fe y la expectativa son esenciales para un trabajo psíquico exitoso, ya que lo subjetivo responde mejor cuando se cree plenamente en ello. La duda nubla la percepción, mientras que la fe clarifica los mensajes recibidos. Por eso, los escépticos a menudo no logran resultados positivos y desestiman la práctica como fraudulenta. Es fundamental aceptar que la subjetividad funciona según sus propias leyes y no intentar forzarla según nuestras creencias.

La mentalidad subjetiva funciona óptimamente cuando se cree en ella, lo que es vital para quienes investigan la vida psíquica. Los psíquicos pueden operar en diferentes estados de conciencia, desde una sutil sintonía con los pensamientos hasta un trance profundo, siempre manteniendo el control para evitar perder el autocontrol. Este control permite acceder a capacidades mentales extraordinarias.

Telepatía y Lectura Personal

Un psíquico puede narrar eventos de tu vida y de tus amigos al entrar en tu reino subjetivo, leyendo pensamientos e imágenes mentales almacenadas en tu memoria. Esto sucede a través de la vibración de pensamiento que permite la conexión mental con tus amigos, tanto presentes como ausentes. Al leer tu historia personal, un psíquico accede a los registros de tu pasado y el de tu familia, visualizando imágenes mentales en lugar de interactuar directamente con las personas.

Las lecturas personales a menudo incluyen detalles específicos como nombres y descripciones físicas, aunque estas imágenes pueden ser representaciones mentales de quienes conoces o estudias. Los mensajes que reciben los psíquicos suelen estar relacionados con eventos pasados o tendencias futuras, reflejando la profundidad de la conexión subjetiva.

Corrientes de Conciencia y la Unidad Universal

Cada individuo es reconocido por su nombre y vibración dentro de la Mente Universal. Aunque somos uno en Mente y Espíritu, cada persona mantiene una personalidad única. Esta individualidad permite que muchos coexistan en la Unidad. Nuestra corriente de conciencia crea un aura que fluye continuamente, reflejando nuestra conexión con el Todo.

Al pensar, nuestro pensamiento se conecta instantáneamente con la Mente Única, permitiendo que otros capten nuestros pensamientos como se recibe una señal de radio. Esto hace que nuestros pensamientos sean universales y accesibles en cualquier lugar. La unidad de la Mente garantiza que lo que se conoce en un lugar puede ser comprendido en todos los lugares, ya que el pensamiento está presente en todas partes mientras perdure.

Pensamiento sin Barreras

Para la Mente, el tiempo y el espacio no representan obstáculos. Cualquiera que sintonice con tu pensamiento puede acceder a tu corriente de conciencia sin importar la distancia. Incluso después de la muerte física, esta ley persiste, ya que pasado y presente son uno en la Mente. El tiempo es solo una medida de experiencia, y el espacio está integrado en la Mente.

Un psíquico puede conectarse con la corriente de pensamiento de cualquier persona con la que tenga una vibración compatible, ya sea que la persona esté presente o no físicamente. Todos tenemos un elemento del alma que facilita esta comunicación. Aunque no todos pueden objetivar las impresiones psíquicas, estas influencias están siempre presentes, causando sensaciones internas de inquietud sin una razón visible.

Al leer y estudiar el pensamiento de otros, nos sumergimos en su corriente de conciencia, captando más allá de las palabras. Esto nos permite conectar con las grandes mentes de todas las épocas, obteniendo una comprensión más profunda de sus pensamientos y enseñanzas.

El Aura y su Influencia

Cada persona irradia una vibración que crea un aura a su alrededor, variando en color y densidad según su estado de conciencia. Momentos de realización espiritual generan un aura brillante y clara, mientras que emociones negativas oscurecen el aura. El halo representado en el arte es una manifestación real de esta emanación, especialmente pronunciada en la cabeza donde opera el pensamiento.

Impacto de los Hábitos y la Obsesión en la Mente

Los hábitos se forman a través de pensamientos conscientes que se vuelven automáticos con el tiempo. La repetición constante fortalece ciertos pensamientos hasta que controlan al individuo. La manía es un deseo descontrolado que puede llevar a acciones irresistibles, y la obsesión es una forma de control mental que puede ser consciente o inconsciente. Es crucial controlar nuestros pensamientos para evitar que actúen sobre nosotros de manera negativa.

Protección Contra la Influencia Mental

Estamos constantemente expuestos a influencias mentales, tanto de personas como de entidades desencarnadas. Mantenernos conectados con la Mente

Única nos protege de influencias erróneas. Afirma que solo la Única Mente nos controla para defendernos de cualquier intento de manipulación mental.

La Sanación de la Insanidad y el Control del Poder Psíquico

La locura surge cuando la mente consciente es dominada por la mente inconsciente. La cura reside en reconocer que solo existe una Mente, la Mente en Dios, que es nuestra propia mente. El poder psíquico debe estar bajo el control consciente para evitar influencias externas. Un estado mental equilibrado permite acceder a una sabiduría superior, libre de sugestiones contrarias, facilitando una conexión directa con lo Absoluto.

Meta de la Evolución

La evolución busca crear un ser que, en el punto crucial de su autodeterminación, pueda manifestar plenamente su vida interior espiritual. El Espíritu no intenta controlarnos; nos brinda espacio para descubrirnos a nosotros mismos.

Lo más valioso que poseemos es nuestra individualidad; realmente, esto es todo lo que somos. Permitir que influencias externas invadan o controlen esta individualidad es traicionar nuestro verdadero ser.

Estados Mentales y Psíquicos

El trance es cualquier estado mental en el que te sumerges. Puede variar desde simplemente dejar que tu mente sea receptiva, lo cual es seguro, hasta una completa negación de la conciencia objetiva, permitiendo la influencia de factores externos, lo cual es peligroso.

Muchas personas con capacidades psíquicas pueden, en un estado consciente, leer pensamientos y realizar otras proezas mentales sin causar daño. Esto es natural y fascinante, una forma de trabajo de la naturaleza.

Cualquier habilidad psíquica que uses en un estado mental normal es segura y beneficiosa. Muchas personas poseen estos poderes y los encuentran útiles e interesantes. Puedes desarrollarlos reconociendo que tu interior y el exterior son uno.

Las habilidades psíquicas avanzadas se manifiestan en estados de trance, donde el individuo es influenciado por su entorno. En estos estados, se revelan poderes ocultos de la mente, como ver oír pensamientos ajenos, viajar mentalmente y realizar hazañas que parecen imposibles en un estado consciente. Pronto, estos poderes estarán bajo el control consciente, limitando menos al ser humano.

Clarividencia y Psicometría

La clarividencia es la capacidad de ver más allá de lo visible, permitiendo al individuo percibir lo que el ojo físico no puede. Esta visión ampliada puede atravesar barreras como puertas cerradas, similar a mirar a través de una ventana.

La psicometría permite leer la esencia o la energía de las cosas. Cada objeto tiene una atmósfera mental creada por los pensamientos que lo rodean. Al tocar un objeto, puedes describir su origen o captar el pensamiento interno de una persona.

La clariaudiencia es la capacidad de escuchar la voz interior del alma. Algunas personas escuchan estas voces en silencio, mientras que otras las perciben como voces independientes. Estas voces parecen querer advertir o informar, pero es importante discernir su origen real.

A veces, voces independientes parecen surgir del aire y sostener conversaciones prolongadas. Aunque es difícil determinar su naturaleza exacta, estas experiencias son reales y fascinantes, requiriendo más investigación para entender su origen.

Apariciones y Fantasmas

Durante el estrés mental, es común ver apariciones de amigos o seres queridos. Estas formas mentales pueden aparecer antes o después de eventos importantes, y suelen ocurrir durante el sueño, aunque no siempre se manifiestan externamente.

Muchas personas han visto a quienes han fallecido. Aunque a veces causan alarma, no representan peligro. Algunos creen que solo las muertes violentas generan fantasmas, pero no hay certeza absoluta. Los fantasmas pueden transmitir mensajes, pero su naturaleza exacta aún es un misterio.

Proyección Mental y Energías

En ciertos estados mentales, puedes proyectar tu mente y viajar lejos de tu cuerpo. Esto puede ser simplemente ver a través de una conciencia unificada, sin que algo específico se proyecte.

La mirada de cristal implica concentrar la mente para que lo subjetivo emerja. Al fijar la vista en un objeto brillante, tu mente se vuelve receptiva y capaz de leer pensamientos.

Magia Negra y Maldiciones

La magia negra consiste en pensar en alguien con la intención de dañarlo. Hoy en día, se conoce como mala praxis, que puede ser maliciosa, ignorante o inconsciente. La mala praxis maliciosa intenta perjudicar a otros a través del pensamiento, pero quien comprende la verdad no se verá afectado.

La mala praxis puede causar enfermedad y malestar por simpatía o miedo. Es importante simpatizar con el que sufre, pero no con la causa de su sufrimiento, ya que esto puede empeorar la situación.

Escritura Automática

La escritura automática es cuando el brazo y la mano escriben mensajes controlados mentalmente. Puede realizarse con herramientas como la tabla Ouija o sosteniendo una pluma, siendo influenciada por pensamientos internos o fuerzas externas.

Esta forma de escritura ocurre cuando el lápiz se mueve solo, sin ser tocado. Aunque su origen es debatido, puede ser una fuerza inconsciente o espiritual la que lo controla.

Teorías y Fenómenos Extraordinarios

Teoría de Hudson

Hudson propuso que los fenómenos psíquicos son causados por acciones mentales subjetivas, sin necesidad de agentes desconocidos. Esto sugiere que el poder mental puede operar independientemente de los cuerpos físicos.

Olfato Sin Fuente

La mente puede generar olores conectándose con vibraciones, como oler una rosa sin la presencia de la flor.

Este fenómeno muestra cómo la mente puede crear experiencias sensoriales.

Manipulación de Objetos

Es posible mover y sostener objetos sin tocarlos físicamente, demostrando la existencia de energía telequinética, la cual permite mover cosas mediante el poder mental.

Energía Telequinética

Definida como la capacidad de mover objetos sin contacto físico, esta energía se manifiesta en fenómenos como el vuelco de mesas y golpes en paredes, demostrando el poder mental sobre el físico.

Teoría del Ectoplasma y Levitación

Algunos investigadores creen que el ectoplasma, una materia emanada del médium, explica ciertos fenómenos, pero no todos, como la levitación, que sugiere un poder mental que trasciende las leyes físicas.

Reflexiones sobre el Poder Mental

Reconocer nuestros poderes mentales es esencial, y pronto serán de uso común. Estos poderes tienen un propósito natural que se revelará cuando estemos listos.

Los fenómenos psíquicos son manifestaciones del poder mental, no de fuerzas físicas. Este poder permite ver, oír y sentir sin instrumentos físicos, indicando una inteligencia interna que actúa de manera natural y misteriosa.

Con el tiempo y la experiencia, entenderemos mejor los misterios de la mente humana. Negar estos atributos internos es ignorante, pero admitir que no los comprendemos aún es aceptable.

El Espíritu de la Profecía

La mente subjetiva puede deducir pero no iniciar ni elegir. Como una semilla en la tierra, los pensamientos actúan a través de la mente creativa, desarrollándose y expresándose como manifestaciones completas antes de materializarse en el mundo físico. La profecía es la lectura de estas tendencias subjetivas, viendo los hechos como ya realizados.

Entendiendo el Poder Mental

Imagina que ves una ventana a una milla de distancia y lanzas una pelota hacia ella a una velocidad de una milla por minuto. La pelota ya está a medio camino, moviéndose rápidamente. Calculas que en medio minuto la pelota romperá la ventana. Solo tú has notado la pelota, y efectivamente, la ventana se rompe como predijiste. Esto sucede porque aplicaste una lógica clara a lo que observaste.

Esto es similar a cómo algunas personas con una percepción especial pueden prever eventos futuros. Ellos no siempre entienden el porqué de sus intuiciones, ya que están en contacto directo con una realidad subjetiva que interpretan intuitivamente. Su pensamiento deductivo les permite ver patrones y tendencias, aunque pocos tienen esta capacidad profética de manera fiable.

Si llevamos este concepto más allá, cada persona y cada nación tiene su propia subjetividad, una especie de karma o ley interna que guía sus acciones y destinos. Los antiguos profetas, desde Moisés en adelante, podían interpretar estas tendencias y predecir eventos futuros basándose en su conexión profunda con esta realidad subjetiva.

Existe un nivel más alto de percepción donde, además de la subjetividad personal, hay Propósitos Divinos y Cósmicos. Personas iluminadas y psíquicas pueden leer estos grandes Propósitos, entendiendo así el destino de la humanidad. Estos grandes pensadores han descubierto que la inmortalidad es una realidad inherente, sin necesidad de muerte física, ya que somos eternos por naturaleza. Moisés, por ejemplo, recibió los Diez Mandamientos en contacto con esta Ley Suprema, utilizando la subjetividad como puente entre el Espíritu y la mente humana, cargada de Sabiduría y Conocimiento.

La mente subjetiva es una fuente de inspiración y revelación, albergando todos los pensamientos creados por la humanidad y reflejando la Luz Eterna cuando el alma se enfoca en el Uno.

Inmortalidad y la Mente

Hemos visto que la mente puede realizar muchas funciones asociadas al cuerpo físico, a veces sin necesidad de estados alterados como el trance. Algunas personas pueden lograr esto en un estado consciente normal, demostrando que los fenómenos psíquicos no requieren condiciones especiales para manifestarse.

La idea es que todas las acciones físicas son en realidad manifestaciones de la mente, utilizando el cuerpo como un instrumento. Existe la posibilidad de que tengamos un cuerpo mental que funciona de manera independiente al físico, permitiendo que nuestras acciones sean producto de nuestro pensamiento más profundo.

La inmortalidad, por tanto, no es solo la persistencia del cuerpo físico, sino la continuidad de la conciencia y el autoconocimiento. Para ser inmortal, debes mantener un flujo constante de recuerdos y una identidad consciente que trascienda la muerte física. Esto implica que la muerte no te arrebata nada si tu esencia es eterna.

Origen y Naturaleza Humana

No tiene sentido preguntarse por qué existes, ya que simplemente "eres". Si tu existencia proviene de una fuente infinita, como Dios, la pregunta de tu porqué permanece sin respuesta. Es más relevante enfocarte en quién eres y cómo te relacionas con la Vida, en lugar de buscar razones que quizás nunca encontrarás.

Cuando adquiriste autoconciencia, ya tenías un cuerpo físico que representa la expresión de la Vida. El cuerpo es una idea concreta en tiempo y espacio, un vehículo para que la Vida se manifieste. La materia que compone tu cuerpo está en constante cambio, similar a un río en flujo, donde el Espíritu mantiene la identidad a través de las transformaciones.

La ciencia nos enseña que el éter es una sustancia más densa que la materia, presente en todo. Esto sugiere la existencia de un cuerpo interior definido, además del físico, posiblemente hasta el infinito. Esta idea respalda la creencia en una estructura interna múltiple, donde cada capa refleja la existencia espiritual.

El cuerpo de resurrección no se obtiene de afuera, sino que ya existe dentro de ti. La resurrección implica que tu cuerpo espiritual brilla con una luz más allá de lo físico, evidenciando que ya eres inmortal en esencia.

Los fenómenos psíquicos, como la telepatía y la comunicación con espíritus, demuestran que nuestras mentes pueden interactuar sin la necesidad de instrumentos físicos. Aunque la telepatía no lo explica todo, abre la puerta a comprender cómo los espíritus y las almas pueden comunicarse contigo, evidenciando tu conexión eterna y verdadera naturaleza inmortal.

Es claro que la comunicación con espíritus debe ser mental; en el mejor de los casos, se trataría de una transferencia de pensamientos o telepatía. Si una entidad desea comunicarse contigo, su pensamiento debe atravesar tu subjetividad hasta llegar a tu reconocimiento consciente, lo cual es un proceso complejo. Aunque los espíritus intentan comunicarse, la claridad de los mensajes puede ser difícil de recibir.

Pensar que puedes forzar a los espíritus a prestarte atención es absurdo. Los espíritus no saben más de lo que sabían en vida y no pueden ser obligados a comunicarte más allá de su capacidad natural. Las comunicaciones que recibes son influencias mentales, quizás como un recuerdo vago o una sensación de presencia.

Todos tenemos capacidades psíquicas, pero nunca deben forzarse. Solo cuando lo subjetivo surge naturalmente en un estado consciente se manifiesta un poder psíquico saludable. Forzar estos poderes puede ser destructivo y llevar a obsesiones con entidades o deseos que no puedes controlar. Es crucial mantener el control sobre tu subjetividad y no dejar que te domine.

Entender los fenómenos psíquicos es esencial para comprender el funcionamiento completo de la mente. Negar estas capacidades es admitir tu propia ignorancia. Estos fenómenos ocurren continuamente y deben ser explicados de manera lógica y científica. La mente, con sus leyes internas, es la clave para entender y responder a estos fenómenos.

Resumen

Los fenómenos psíquicos son manifestaciones del alma o de la mentalidad subjetiva. Esta mentalidad es la esencia de cada persona dentro de la Mente Universal, donde se almacena su memoria y es el canal por el cual la Vida Instintiva opera.

La mentalidad subjetiva, limitada únicamente por su capacidad de razonamiento, debe guardar todas las impresiones que recibe, aunque puede eliminarlas de manera consciente.

En el ámbito subjetivo, el ser humano es parte del todo universal, conectándose con aquellos que comparten una vibración armoniosa.

La sugestión mental trabaja a través de la mente subjetiva, influenciando silenciosamente mediante sugestiones colectivas. Entre amigos, esta comunicación silenciosa constante puede manifestarse como telepatía mental.

La mente subjetiva, al estar vinculada con la raza-pensamiento, posee un entendimiento más amplio que la mente consciente. Es por esta vía que surge la inspiración. Los oradores y actores conectan con el lado subjetivo de su audiencia, ejercen una gran influencia, mientras que cantantes, poetas y escritores interpretan las emociones colectivas.

Cada persona emana una atmósfera mental subjetiva, resultado de todo lo que ha pensado, dicho o hecho. Esta atmósfera es su poder de atracción, influenciando también los lugares que frecuenta. Amamos los espacios llenos de amor y paz, por eso valoramos nuestros hogares, que deben mantener siempre una atmósfera sagrada y amorosa.

Los objetos emiten una parte del alma y su atmósfera. Cada ciudad, pueblo y nación posee una atmósfera particular, fruto de las emanaciones mentales de sus habitantes.

La historia de la humanidad está grabada subjetivamente en el tiempo y puede ser leída por aquellos que comprenden la mentalidad colectiva.

La telepatía, la capacidad de leer pensamientos subjetivos, se realiza a través de la Subjetividad Universal. Para recibir y entender un mensaje, debes sintonizarte con su vibración.

Dado que toda la subjetividad es Universal, todo pensamiento, palabra o acción queda registrado en la raza-pensamiento, estando todas las vibraciones presentes y accesibles desde cualquier mentalidad.

En el plano objetivo, el ser humano es individual y separado, pero en el subjetivo es parte del todo universal.

Para lograr resultados óptimos en el trabajo psíquico, se necesita fe y expectativa, ya que la mentalidad subjetiva responde a los sentimientos instintivos.

Un psíquico, al entrar en un estado subjetivo, puede alinearse con el pensamiento de alguien y acceder a sus recuerdos subjetivos.

Cada persona mantiene una corriente de conciencia en la Mente Única, accesible a cualquiera que entre en contacto con ella, ya sea en vida o más allá.

En la Mente, el tiempo y el espacio no existen; el pasado y el presente son uno. Al leer pensamientos en libros, te alineas con su vibración y su corriente de conciencia.

Cada persona deja una imagen mental de sí misma que puede aparecer en estados subjetivos. No es una visión real, sino una representación.

El aura humana es la vibración mental del individuo, cambiando con sus pensamientos y emociones, a veces agradable y otras desagradable.

Los hábitos nacen del pensamiento consciente que se vuelve subjetivo, controlándote a través de él. La manía es un deseo intenso que se convierte en obsesión.

Las obsesiones pueden surgir de tus propias ideas o de influencias externas, siempre siendo una forma de sugestión mental. La locura es la pérdida de la facultad objetiva.

El poder psíquico debe ser regulado. Un equilibrio entre las facultades objetivas y subjetivas es ideal, siendo este el objetivo de la evolución: un control perfecto de lo subjetivo por lo objetivo. El trance es anormal; solo es normal una facultad psíquica controlada por la mente consciente.

La clarividencia permite ver sin los ojos físicos. La psicometría es una forma de clarividencia donde el médium lee las atmósferas de objetos familiares.

La clariaudiencia es el oído del alma, donde voces pueden manifestarse, demostrando un poder interior que se expresa auditivamente. Las apariciones son pensamientos manifestados, pudiendo provenir de vivos o muertos, a veces como advertencias.

Contemplar cristales ayuda a concentrar la mente hacia lo subjetivo.

La magia negra utiliza el poder del pensamiento con fines destructivos.

La escritura automática ocurre cuando la mano es guiada por la mente subjetiva del operador o por una mente externa, siendo una forma de sugestión consciente o inconsciente. La escritura independiente muestra que un poder interior puede mover objetos sin contacto físico, demostrando capacidades como la levitación.

La profecía se basa en tendencias subjetivas preexistentes; un poder superior puede conectarse con los Propósitos Cósmicos y leer el pensamiento divino.

El ser humano refleja en el plano mental todas las facultades físicas.

Ser inmortal significa que continúas existiendo tras la muerte física, manteniendo una conciencia continua y recuerdos completos. Si eres inmortal, la muerte no puede arrebatarte nada.

No puedes concebirte a ti mismo ni al nacer ni al morir; simplemente existes sin considerar otros puntos de vista. Imaginar tu propio funeral no prueba muerte, pues sigues consciente. Lo mismo ocurre con el nacimiento; al pensar en él, demuestras que tu esencia existía antes físicamente.

Toda búsqueda de la Verdad inicia con el reconocimiento de que la Vida Es.

Al despertar la autoconciencia en este plano, ya poseías un cuerpo. La conciencia siempre se presenta de alguna manera.

La materia que forma el cuerpo es fluida, adoptando la forma que le da la inteligencia, fluyendo como un río; te reinicias anualmente en lo físico.

El éter, más sólido que la materia, sugiere que podrías tener un cuerpo dentro de otro. La materia es una vibración, y al tratar con la Vida Infinita, manejas infinitas vibraciones; podrías tener un cuerpo dentro de otro hasta el infinito.

En esencia, el cuerpo es una idea espiritual, cubierto por la carne para funcionar físicamente.

Dejas un cuerpo para otro, conservando todos tus atributos y tu individualidad.

Dado que solo existe Una Mente, es posible comunicarte con los fallecidos; sin embargo, esta comunicación es subjetiva y no siempre clara, y es incierto si están conscientes.

No es seguro entrar en trance para comunicarte con los difuntos, ya que podrías ser influenciado por mentalidades inferiores. Tu individualidad es sagrada y debe ser controlada solo por tu mente consciente.

Comprender los fenómenos psíquicos es valioso porque son manifestaciones de la Mente y necesitan explicación.

Cada plano refleja al de arriba o abajo; los fenómenos psíquicos son reflejos mentales del plano físico.

Parte III: Artículos especiales

Absoluto Y Relatividad

El Absoluto es "libre de limitaciones, ilimitado y perfecto". Representa al Ser Perfecto, Dios.

La Relatividad es "existir en relación con una mente pensante", siendo dependiente.

El Absoluto, incondicionado e infinito, es la Verdad completa, indivisible y perfecta.

La Relatividad depende del Absoluto, siendo una experiencia mental dentro de Él. No contradice al Absoluto, sino que lo confirma, garantizando su existencia.

El Absoluto es la causa y la Relatividad su efecto. Lo Absoluto se autoexiste, mientras lo Relativo depende de Él.

No niegues lo Relativo por no ser Absoluto. Asume que lo Relativo es una experiencia dentro de la Mente del Absoluto, siendo necesario y bueno. Tiempo, espacio, forma y cambio son reales y relativos.

La Relatividad existe dentro de la vida, con posibilidades ilimitadas. Lo Relativo y lo Absoluto no se contradicen.

El Problema Del Mal

El mal persiste mientras creas en él. El mal no es una entidad, sino un uso que hacemos de la vida. Nuestras percepciones de bien y mal cambian con nuestro desarrollo y creencias.

Considera el mal como destructivo y el bien como constructivo. El mal desaparecerá al dejar de usar métodos destructivos y el bien crecerá al adoptar constructivos.

Alejarte del mal y buscar el bien es el deseo de quienes siguen la Verdad, lograble al dejar de hablar, creer o actuar en contra.

El mal es un problema mientras creas en él; el bien surge al encarnarlo. Cada alma tiene una guía interna, el Espíritu de Dios, que no conoce el mal.

No hay pecado sino error, ni castigo sino consecuencias. Al corregir errores, dejamos de pecar y al alinearnos con el Bien, dejamos de hacer el mal.

El problema se resuelve al alejarse de lo destructivo y volverse hacia la luz y la Verdad. El mal se disuelve en el Bien cuando vives en la Presencia de Dios. "Perdonaré su iniquidad y no recordaré su pecado", significando que el mal será borrado.

Con todo tu ser y confianza en el Bien, vuelve hacia Dios, dejando atrás cualquier creencia en el mal. Al enfocarte en el Espíritu, tu alma se iluminará con la Luz Eterna.

El mal deja de existir cuando dejas de reconocerlo; nunca fue real, solo una suposición. Sigue el Camino de la Luz y enfócate en tu Dios Interior. Di: "Tú, Dios Infinito dentro de mí, que no conoces el mal, guíame hacia el Bien Supremo". Al rechazar el mal y actuar con el bien, resolverás el problema y solo quedará el Bien.

El Significado De La Caída

La historia de la caída simboliza la experiencia humana a través de la creencia en la dualidad. El hombre nace perfecto, iniciando su viaje con la capacidad de elegir. Esta elección tiene sentido al poder manifestarla y experimentar sus efectos, siendo una individualidad real.

El Jardín Del Edén

El Edén representa el estado perfecto inicial del hombre antes de experimentar. El Árbol del Conocimiento simboliza el Principio de la Vida, ofreciendo ambos tipos de experiencia: bien y mal, libertad y limitación. El hombre elige qué fruto consumir. "Escoge a quién servirás hoy". Aunque elige conscientemente, generalmente lo hace en ignorancia.

La serpiente representa el Principio de Vida desde una perspectiva materialista, alejando al hombre de su estado perfecto mediante la dualidad y la separación. Solo el hombre puede decidir volver al Bien, encontrando a su Padre siempre presente. "Actúa como si yo fuera y seré". "Mira a la Deidad y la Deidad te mirará". "Sé firme y lo serás". "Como creas, será hecho". "Pide y se te dará; busca y hallarás; llama y se te abrirá". La creación de Dios es perfecta, recordándote que vives en el Reino de los Cielos.

Salvación Y Gracia

Así como la caída fue por un acto propio, la resurrección también lo será. Dios ya existe. La salvación es un camino hacia la unidad con el Todo. La Gracia es la entrega del Espíritu a la creación, no una ley impuesta, sino el resultado de aceptar la vida y relacionarse correctamente con el Espíritu.

Somos salvados por la Gracia al creer, aceptar y encarnar la Ley del Bien, que es una Ley de Libertad. La limitación es una ilusión, mientras que la libertad es divina.

La salvación es tu acto, no de Dios. Te condenaste y debes salvarte dejando de hacerlo. Vives en el Cielo al dejar de vivir en el infierno, te curas al dejar de enfermar, te enriqueces al dejar de ser pobre, te divinas al dejar de ser diablo, eres feliz al dejar de estar triste, estás en paz al dejar de estar confundido, te llenas de alegría al dejar de pensar en la tristeza, vives al dejar de morir y te perfeccionas al dejar de ver imperfecciones. Te salvarás al dejar de condenarte, siendo uno al dejar de ser dos. "El gran Tú-Yo y el gran Yo-Tú".

El Universo Perfecto

Debes reconocer el Universo Perfecto para encarnar el mayor bien. Si el Universo no fuera perfecto, no existiría. Vivimos en un Universo Perfecto, y todo en él también lo es.

La Verdad es indivisible y completa. Dios es completo y perfecto. Una causa perfecta produce un efecto perfecto. Ignora pruebas en contra y cree que vives en un Universo perfecto con personas perfectas. Ajusta tu pensamiento para reflejar esta realidad y rechaza la imperfección. Con el tiempo, la perfección se manifestará en tu experiencia.

Meditar diariamente en la Vida Perfecta y encarnar el Gran Ideal es el camino hacia la salvación, la libertad y la felicidad del alma. No permitas creer en la imperfección. Mira como Dios, con visión perfecta; busca el Bien y la Verdad con todo tu corazón; di internamente: "Dios Perfecto dentro de mí; Vida Perfecta dentro de mí, que es Dios; Ser Perfecto dentro de mí, que es Dios, ven a expresarte a través de mí y conviértete en lo que soy; guíame por caminos de perfección y haz que solo vea el Bien."

Con esta práctica, tu alma se iluminará, conocerás a Dios y encontrarás paz. "Sé perfecto, como tu Padre en los cielos es perfecto."

Imaginación y Voluntad

Emile Coué reveló una verdad profunda al afirmar que la imaginación supera a la voluntad, aunque no detalló la filosofía detrás de ello. Es innegable su veracidad, pero es esencial explorar el porqué de esta afirmación, pues toda verdad tiene su fundamento.

La voluntad es una suposición básica. No elegimos vivir; simplemente existimos porque la vida fluye en nosotros. La voluntad no puede transformarnos en algo que no somos, ya que no podemos sacar de una bolsa lo que no contiene. Vivimos porque la vida reside en nuestro interior. Tal vez esto es a lo que Jesús se refería al decir: "¿Quién de ustedes, con solo pensar, puede añadir un codo a su estatura?".

No creamos la Vida ni podemos alterarla, pero sí podemos utilizarla a través de la imaginación, ya que esta tiene en sus raíces la fuente misma de la vida y la acción. La imaginación trae consigo sentimiento y convicción, despertando fuerzas sutiles y activando poderes latentes que de otro modo permanecerían ocultos.

El Poder Creativo del universo opera no mediante la voluntad, sino a través de la imaginación, la imagen, el sentimiento y el conocimiento. Pensar que Dios necesita querer que las cosas sucedan implica que existe una fuerza opuesta, lo cual no es así.

La fuerza de voluntad puede ser necesaria, pero como agente creador es limitada; actúa como directiva, con propósito. Usada correctamente, es poderosa; de lo contrario, puede ser destructiva y agotar mentalmente. Creer que debemos querer que las cosas ocurran introduce dudas sobre la Creación y supone que la Vida no es autoexistente.

La imaginación accede a las raíces del Ser y utiliza el mismo poder que creó los mundos del Caos. "Los mundos fueron creados por la palabra de Dios". La imaginación es el poder de la palabra, mientras que la voluntad dirige el propósito de esa palabra.

El ser humano replica este poder creativo, controlando su destino a través de su palabra. Esta palabra no es tangible, pero puede ser imaginada y expresada.

Cómo Visualizar

Visualizar es imaginar mentalmente lo que deseas lograr o poseer. Al visualizar claramente tus deseos, presentas imágenes de pensamiento a la Mente Universal, que las materializa como la tierra produce fruto. Una imagen clara crea un buen molde; una imperfecta, uno deficiente. No se trata de fijar o retener el pensamiento, sino de pensar con claridad y luego soltarlo, permitiendo que la Mente actúe sobre él.

Primero, decide qué deseas visualizar. Luego, relájate y observa el resultado completo de tus deseos en imágenes mentales detalladas. Por ejemplo, si deseas una casa, define exactamente cómo la imaginas: el tipo, las habitaciones, los muebles. Siente que ya vives allí, repitiendo "Ahora vivo en esta casa". Repite este proceso diariamente hasta que tu deseo se manifieste.

Para entender mejor, imagina una escena detallada mientras lees estas líneas: estás conmigo, sentados en el porche de una casa verde, rodeados de árboles bajo el sol. Te invito a pasear, y juntos bajamos los escalones hasta el camino de grava. Al salir, vemos un perro correr por la calle y la imagen termina. Si seguiste cada paso mentalmente, comprenderás el poder de la visualización.

Crear cualquier forma requiere que su imagen exista primero en la Mente antes de materializarse externamente. La Ley es una fuerza neutral que no inicia nada por sí misma ni elige qué crear. Es un Hacedor, no un Conocedor. Cada palabra es una ley por sí misma dentro de la Gran Ley de la Vida.

El Poder Creativo del Hombre

El poder creador del hombre es asombroso, pues cada pensamiento activa la Ley, especializándola para un propósito definido. Aunque el hombre no crea en sentido absoluto, su palabra se vuelve creativa a través de la Mente. Esto brinda libertad y comprensión de que no hay competencia ni monopolio. Cada uno puede trabajar en su propia salvación con paz y seguridad.

Concentración

Concentrar es enfocar un pensamiento en un punto de interés y mantenerlo allí sin esfuerzo. La concentración no depende de la fuerza de voluntad, que puede dificultarla. La práctica simple es la mejor, permitiendo que el pensamiento fluya naturalmente. Si tu mente divaga, simplemente retorna al punto de atención sin forzar.

Por ejemplo, concéntrate en la palabra "feliz". Di mentalmente "Soy feliz" sin esfuerzo. Si tu mente se distrae, suavemente regresa a "Soy feliz". Con el tiempo, podrás mantener la concentración fácilmente.

Es un error resistirse a los pensamientos que interfieren. La concentración verdadera viene de dentro, sin necesidad de objetos externos. Deja de lado la voluntad y permite que el pensamiento se exprese libremente.

El Espejo de lo Subjetivo

La Mente actúa como un espejo, reflejando todo pensamiento que se introduce en ella. El pensamiento es una fuerza sutil con gran poder. Controlar el pensamiento es controlar el destino.

La mente subjetiva acepta cualquier pensamiento que entra, reflejando la ley de causa y efecto. Aunque no siempre somos conscientes de estos pensamientos, influyen en nuestra realidad. Elegir pensamientos positivos y constructivos es esencial para una vida plena.

La mente nunca contradice lo que se le da; refleja inmediatamente lo que piensa. Por eso es crucial elegir pensamientos que generen bienestar y armonía.

Personalidad

La personalidad es el reflejo de la experiencia y la conciencia acumulada. Factores como herencia, entorno, educación y autosugestión moldean quiénes somos.

Factores para una Personalidad Dinámica

Todos deseamos una personalidad vibrante. Esto requiere elementos esenciales:

- Carácter Elevado: Basado en ideales superiores.
- Sinceridad: Fundamental en las relaciones.
- Habilidad: Dominar una habilidad y mejorar continuamente.
- Entusiasmo: Interés genuino por el mundo.
- Servicio: Trabajo constructivo y lealtad.
- Éxito: Visualizar y trabajar hacia el éxito.
- Autoconfianza: Paz y serenidad en cada situación.
- Poder y Fuerza: Derivados de la tranquilidad.
- Sentido del Humor: Aligera la vida y crea felicidad.
- Buenas Maneras y Tacto: Cortesía y sensibilidad.
- Tesón: Persistencia para alcanzar metas.
- Encanto y Magnetismo: Atracción natural hacia los demás.
- Ternura y Amor: Compasión y entrega del espíritu.
- Originalidad: Pensar por uno mismo.
- Incentivo: Ambiciones saludables y objetivos claros.
- Humildad y Simplicidad: Evitar la agresividad.

- Control Emocional: Dominio de uno mismo.
- Espiritualidad: Fe y confianza en el bien.
- Salud: Fundamental para una personalidad vibrante.
- Voz y Vestimenta: Reflejan tu esencia interna.

La personalidad es la expresión de tu individualidad divina, manifestando el Espíritu a través de la acción. Para desarrollarla, debes cultivar pensamientos agradables, mantener una actitud positiva y equilibrada, y permitir que tu esencia completa brille desde dentro.

Desarrollar una personalidad poderosa requiere atención a tu ser interior, eligiendo pensamientos y emociones que reflejen plenitud y armonía. Así, tu personalidad se expresa plenamente, reflejando la perfección interna del Alma y el Espíritu.

El amor, la bondad y la serenidad son fundamentales. Evita la negatividad y cultiva la confianza y el coraje, reflejando una vida llena de intereses y actividades enriquecedoras.

Verdad Interior

La transparencia y la autenticidad revelan los principios esenciales del Ser. Sin estas cualidades, una persona solo muestra una fachada, una percepción engañosa de la realidad. Ningún ser auténtico puede ser deshonesto o falso. Solo la Verdad brilla eternamente.

Una personalidad completa, equilibrada y vibrante abarca todas estas cualidades y atributos; se manifestarán en la medida en que permitamos que fluyan a través de nosotros.

La personalidad es genuina, reflejando el resplandor del Yo Verdadero, la esencia que cada uno posee.

El aspecto exterior apenas se relaciona con los poderes internos y sutiles de atracción que determinan lo que el Ego interno atrae. El Hombre Interior trasciende lo visible y capta la atención sin esfuerzo. Reconocer este Yo Interior es descubrir al Hombre Real, entender la verdad sobre la personalidad y el poder de atracción. Así como una rosa florece, nuestra personalidad se despliega y expresa plenamente.

Con algunas prácticas sencillas, desarrollarás una personalidad tan magnética que atraerás hacia ti con una fuerza innegable. ESTAS PRÁCTICAS EMPIEZAN Y TERMINAN EN TU INTERIOR; porque tú eres el centro de tu propio universo, y nada te sucede a menos que lo permitas.

Reconoces que la Vida fluye a través de ti y no puede ser detenida en su manifestación. Sabes que el Bien es tuyo ahora. Actúa, piensa, cree y habla como si ya fueras todo lo que has soñado. Y ASEGÚRATE DE CREER LO MISMO SOBRE TODAS LAS PERSONAS, ya que ninguno vive para sí mismo, sino para todos, dentro de una única vida.

Vive constantemente desde esta convicción interna, sin aceptar nunca nada que no sea el Todo Bien; y pronto notarás algo que nunca habías experimentado antes. NO TRATES DE HACER QUE LAS COSAS OCURRAN; SIMPLEMENTE SABE QUE ESTÁN OCURRIENDO.

Conecta diariamente con la Unidad del Todo y la Unidad del Todo contigo. PRONTO DESARROLLARÁS UNA PERSONALIDAD TAN PODEROSA que todos los que te conozcan querrán estar a tu alrededor.

Represión Y Sublimación

Energía Del Sexo

En los capítulos anteriores, exploramos que el Universo tiene una triple naturaleza: Espíritu, Alma y Cuerpo. El Espíritu actúa como fuerza activa y masculina; el Alma como fuerza receptiva y femenina; y el Cuerpo es la manifestación de su unión. El Espíritu infunde al Alma con sus ideas, y el Alma las materializa. Esta es la Trinidad de la Unidad, ya que los Tres son uno.

La vida es andrógina, incorporando tanto lo masculino como lo femenino. La creación surge de un Principio Único; todo proviene del Uno y retorna al Uno; todo está y siempre estará en el Uno.

Deseo

Detrás de toda manifestación reside el deseo de crear, el impulso de expresar; esto es el "Impulso Divino". Este impulso genera energía como una Ley. El Deseo acumula energía con fines creativos y utiliza su poder para manifestarse. Este impulso es tan dinámico que puede hacer que una semilla rompa la tierra para crecer como planta. Es la manifestación del Espíritu, la liberación de energía en acción, presente en toda la Creación.

Expresión Del Espíritu

El Espíritu, siendo Absoluto, siempre se manifiesta; no tiene deseos insatisfechos. Siempre está en armonía y felicidad porque siempre está expresándose. La Creación es el resultado del deseo del Espíritu de manifestarse; es el desarrollo de las Ideas Divinas. La Evolución es el tiempo y el proceso de este desarrollo. La involución es la idea en la Mente, y la evolución es la expresión de la idea. La involución precede a la evolución, y esta última sigue con precisión, impulsada por una Ley Inmutable.

Lo que existe debe manifestarse, de lo contrario, el Espíritu quedaría incompleto. Es impensable, por lo que la manifestación del deseo y la energía siempre ocurrirá cuando el deseo active el poder y la energía. No podemos evadir esta ley, sería inútil intentarlo.

Hombre Y Naturaleza Divina

El hombre refleja la naturaleza divina y sigue las mismas leyes que Dios. Dentro del hombre encontramos la misma naturaleza andrógina que en Dios. A esta naturaleza la llamamos facultades objetivas y subjetivas. Su mentalidad objetiva llena de ideas a la subjetiva; y esta última, acumulando fuerza y energía, proyecta estas ideas en formas tangibles.

Detrás de cada acción del hombre hay un deseo de expresarse. Este deseo es esencialmente mental. Todo lo que somos, consciente e inconscientemente, más lo que expresamos.

El Impulso Divino en el hombre lo lleva a buscar constantemente formas de autoexpresión. Es divino porque es el deseo del Espíritu de manifestarse a través de él; y como todas las fuerzas de la Naturaleza, esta energía puede actuar solo con su voluntad, consciente o inconscientemente, ya que él es un ser con elección propia.

Este Impulso o Energía se llama "Libido", que representa el "anhelo emocional o deseo detrás de todas las actividades humanas, cuya represión conduce a psiconeurosis".

Emociones Congestionadas

La energía movilizada por este impulso es el poder dinámico de la Mente, y si no se expresa, se congestiona causando conflictos internos.

La acción reprimida genera conflictos y complejos que desgarran mentalmente; y al manifestarse físicamente, causan desórdenes nerviosos. Un gran porcentaje de enfermedades provienen de la supresión de alguna emoción. No necesariamente la emocional sexual, sino cualquier deseo no expresado. Cada impulso de la mente tiene un deseo de expresión. Cualquier deseo no manifestado puede generar un complejo. Las cosas soportan cierta presión, pero al llegar al límite, ocurrirá una explosión, a menos que haya una salida para esa energía.

Irritación, Agitación Y Miedo

Las personas que están siempre irritadas han reprimido algún deseo de expresar lo que sienten. Aunque no parezca evidente, el pensamiento es muy sutil, y un análisis cuidadoso revela las causas reales. Toda irritación y agitación son de origen mental, y solo la calma y la paz pueden curarlas.

El miedo es una emoción intensa que, si se acumula, envenena el sistema. Para sanar y funcionar normalmente, el miedo debe ser eliminado de la mente.

Emociones como la ira, la malicia y la venganza son formas sutiles de miedo derivadas de un sentimiento de inferioridad. Estas emociones deben eliminarse para alcanzar la paz, la calma y el equilibrio. Solo con estas cualidades se puede generar poder real, ya que sin ellas, el poder se disipa en la confusión.

Expresión Completa

Si nos expresáramos completamente, nunca enfermaríamos ni seríamos infelices. Las personas normales solo se expresan parcialmente, siempre sintiendo incompletitud. Para ser verdaderamente felices y completos, es necesario que el individuo se exprese plenamente.

Emoción E Intelecto

La emoción es poderosa en el hombre, y en una persona equilibrada está controlada por el intelecto. Sin embargo, en muchos hay conflicto entre emoción e intelecto, y a menudo la emoción prevalece.

Nuestras emociones más fuertes giran en torno al miedo, odio, amor, sexo y adoración, con sus diversas manifestaciones.

Una emoción descontrolada genera caos; no expresada causa confusión y conflictos internos, ya que la energía busca una salida. La represión crea presión que daña al cuerpo y causa trastornos nerviosos. La expresión es saludable cuando el intelecto decide cómo manifestar la emoción. "Quien tarda en enojarse es mejor que el poderoso; y quien domina su espíritu, mejor que quien conquista una ciudad".

Conflicto Del Deseo

Cuando una emoción entra en conflicto con la voluntad y se reprime, regresa a su estado subjetivo pero permanece activa; eventualmente se manifestará de otra forma. Dejar deseos sin expresar durante años crea una inclinación irresistible hacia su expresión. Las personas a menudo se vuelven como calderos hirvientes internamente debido a la represión. La energía necesita una salida.

Emoción Del Sexo

El amor humano y los afectos suelen ir acompañados del deseo sexual, aunque no siempre se reconozca así. Una naturaleza afectuosa suele ser apasionada. El amor es una de las fuerzas más maravillosas y crea la energía más elevada conocida por la mente humana. Se puede expresar a través de las pasiones o transmutarse en una energía espiritual valiosa y duradera. Sin embargo, las ideas sobre el sexo a menudo se exageran en la literatura moderna. El sexo es natural en su ámbito propio; si no lo fuera, no lo sería, ya que la naturaleza no hace nada sin una razón amplia y buena.

Verdadero Significado Del Amor

El amor verdadero es maravilloso, pues es el deseo del alma de expresarse creativamente. La creación solo ocurre mediante la entrega del amante al objeto de su amor. Por eso, al amar a las personas, buscamos ayudarlas y servirlas sin reservas. El verdadero amante da todo y siempre desea más para el ser amado.

Debido a nuestra naturaleza emocional, el amor se expresa a menudo a través del deseo sexual. Pero un exceso de este deseo puede ser destructivo, agotando la vitalidad y desmagnetizando al que se entrega en exceso. Este es el significado de la historia de Sansón y Dalila. "El que tenga oído, que oiga". Todos observan, y de vez en cuando alguien percibe.

El Sexo No Es Necesario Para El Amor

La relación sexual no es esencial para expresar el verdadero amor. El amor es la entrega de uno mismo, y si esta entrega es completa, el sexo se manifestará naturalmente. Sin embargo, la energía necesita una salida. Solo cuando el deseo no expresado permanece interno, la destrucción surge llenando el tiempo de despojos humanos. La libertad y la licencia, el cielo y el infierno, la felicidad y la miseria, todo está ligado a los deseos humanos. La energía se manifestará o explotará, como una tubería que solo soporta cierta presión antes de romperse. Millones de personas explotan cada día, mental y físicamente, por la represión de sus deseos. El deseo es una fuerza dinámica que debe ser atendida.

Sexo Destructivo

El deseo sexual se vuelve destructivo solo cuando permanece como un anhelo no expresado. Esta teoría no busca promover el amor libre ni relaciones indiscriminadas, sino que es un hecho evidente para quienes piensan. La "libido" puede expresarse de varias formas: a través de la transmutación, liberando energías vitales hacia una expresión constructiva; o mediante la sublimación, canalizando la energía hacia acciones elevadas que generan un magnetismo admirable. Una persona así es completa, ya que su energía se convierte en Amor real y es una vibración elevada y poderosa en el plano físico.

Masculino Y Femenino

El hombre, originario de la Unidad, posee tanto atributos masculinos como femeninos, aunque en algunos predominan más que en otros. Existen dos tipos distintos en hombres y mujeres, pero ambos derivan de un principio fundamental. También existe un sexo intermedio, donde ambos atributos están equilibrados. Los más grandes hombres y mujeres de la historia pertenecieron a este tipo, pues equilibran ambos atributos como uno solo. Este es un tema amplio que no se tratará en detalle aquí.

La Solución

La solución al problema del deseo es transmutar toda tendencia destructiva en acciones constructivas. Sin embargo, solo una expresión intelectual no es suficiente, porque solo aquellas acciones a las que damos todo nuestro ser resolverán el problema. El amor implica la entrega total al objeto de adoración. Debemos tener actividades que expresen completamente nuestro ser, liberando las energías de la Vida en acción y transformando el poder en trabajo creativo. Debemos aprender a amar a todas las personas, no solo a algunas.

Es destructivo sentir que no podemos vivir sin poseer a alguien. Esto no es amor, sino una idea de posesión que se convierte en obsesión. Ningún alma está realmente completa hasta que no se siente entera por sí misma.

Esto no excluye las grandes relaciones humanas, pero elimina la dependencia y libera al individuo para amar a todos, adorar a algunos y encontrar la felicidad en todas partes.

Sentir que el amor no es correspondido crea un anhelo intenso que sacude el corazón, llevando a una profunda tristeza difícil de superar. Este sentimiento se supera al saber que el Amor es Eterno y Real, y no puede ser añadido ni quitado.

Esto puede parecer una enseñanza fría, pero los problemas de la humanidad están en gran parte en las relaciones humanas. Hasta que no estén armonizadas, no habrá felicidad duradera.

La felicidad proviene de dentro, como todas las cualidades del Espíritu. Internamente, el hombre ya es completo y perfecto; solo necesita reconocer esta verdad.

Puede parecer impersonal, pero esto no significa que nos importe menos las personas. Al contrario, descubriremos un verdadero interés por los demás, sin el dolor del apego.

Negarte a que lastimen tus sentimientos. Rechaza el placer y el morbo de la sensibilidad. Libérate de la intoxicación emocional y sé tú mismo. Nunca permitas que el pensamiento se vuelva depresivo o morboso. Dedícate a actividades que expresen tu mejor yo. No intentes sacar vida de otros; vive la vida que te ha sido dada, amplia y completa. "Pero", dirán algunos, "yo creo en las afinidades". Si esto significa que cada uno es solo la mitad de una persona real y debe encontrar la otra mitad, están equivocados. Todos tenemos una afinidad natural, ya que vivimos en Una Mente Común y un Espíritu Unificado. Está bien especializarse en algún amor particular, pero la herida permanecerá si el amor se limita a una sola persona.

¡Vive, ama y ríe! Deja que tu corazón se alegre y sea libre; celebra la vida y sé feliz. Realiza a Dios en y a través de todo, y únete al Todo. ¿Por qué conformarte con fragmentos cuando el Todo está aquí para recibirte?

Psicoanálisis Y Autoanálisis

El psicoanálisis es un método para analizar el alma o la mentalidad subjetiva. Es un proceso mental diagnóstico que parece técnicamente perfecto para quienes lo comprenden. Explora el pasado, desentierra emociones olvidadas y las saca a la luz para disiparlas. Se basa en la teoría de que la Naturaleza es Perfecta y, si se deja fluir, mantendrá al hombre en salud perfecta. El propósito es descubrir y curar complejos, eliminando conflictos. Considera todas las experiencias del individuo, especialmente su formación temprana y reacciones mentales ante la vida.

Es un sistema valioso que, en manos adecuadas, hace mucho bien. Sin embargo, carece de alma, de calor y de realización espiritual. Eliminar un complejo mental sin reemplazarlo con una comprensión real de la vida es inútil. Necesitamos construir al mismo tiempo que desmantelamos. El análisis adecuado del alma, unido a un verdadero reconocimiento espiritual, produce maravillas y vale la pena.

Realiza un autoanálisis; revisa tu pasado y elimina cuidadosamente todos los complejos. Esto lo logra quien no teme mirarse. Identifica tus miedos y convence a tu mente de que no hay nada que temer. Mira al mundo directamente, limpia tu mente de obstrucciones que impidan el flujo libre de realizaciones espirituales, como las que encontrarás en las meditaciones que siguen a estas lecciones.

La Metafísica adecuada trabajará en tu mente, eliminando la causa subjetiva del complejo y aliviando el conflicto. Esto proporcionará una Realización Espiritual que abrirá caminos de pensamiento hacia el Todo. Solo esto es real y duradero.

La Expiación

La expiación se define como reconciliación: "Hacer expiación por el pecado o por un pecador" y "Estar en paz". Pecado significa errar o cometer un error. "No hay pecado sino error y no hay castigo sino consecuencia". Pensar que el hombre puede pecar contra Dios es pensar que la Ley Divina puede romperse. La Ley Divina no puede ser quebrantada por el hombre, aunque él pueda desafiarla, la Ley puede quebrantarlo a él.

Todos los problemas del hombre provienen de su desconocimiento de la ley, por ignorancia. Gran parte de sus problemas terminarán cuando comprenda y coopere conscientemente con la ley.

Vivimos en un Universo de Ley y de Amor. La Ley de Dios es Perfecta, y el Amor de Dios también lo es. La Ley de Dios es la forma de actuar del Espíritu; el Amor de Dios es la entrega del Espíritu a su Creación. La unión de Amor y Ley crea un Universo armonioso y una Creación Perfecta.

El hombre, por su individualidad, puede ir en contra del Amor y la Ley; pero sufrirá mientras lo haga. Este es el verdadero significado del pecado y del castigo.

El hombre necesita volver a un estado de armonía y unidad con Dios y con la Vida para salvarse. Debe comprender que Dios es Amor y que vive en un Universo de Ley.

La mayor lección para la humanidad es la del Amor y de la Ley. El Amor enseña que la Vida da y que Dios es Bueno; la Ley enseña que hay un camino hacia la libertad a través del Amor verdadero.

Si el Amor es la entrega del Espíritu, entonces quien más ama, más se entrega a la Vida. Quien ama su trabajo, su arte, sus amigos y su familia, se entrega a ello. El amor es siempre la entrega de uno mismo a algo; no debe verse como posesión, sino como una entrega genuina.

La expiación de Jesús no fue para que Dios necesitara que un hombre sufriera por Él, sino para que el hombre encontrara la unión. Jesús mostró al mundo el Amor de Dios, entregándose completamente a la Creación. Su vida fue una demostración de unidad y amor, no una historia de dolor, sino de triunfo. La tumba fue superada por la Vida y el Amor; la tumba está vacía para siempre. "¿Por qué buscas entre los muertos al que vive?". Ha llegado el momento de alegrarse, de vivir en la paz prometida. "La paz os dejo". La Vida triunfa y el Amor reina supremo.

Nuestra Parte En La Expiación

La expiación vicaria ha terminado, pero la verdadera expiación apenas comienza. Estamos empezando a comprender el Amor y la Vida. Cada vez que nos entregamos a los demás, ayudándolos a superar sus problemas, realizamos una unidad; demostramos la Unidad del Bien.

Personalidad De Dios

Hemos concluido que Dios, o la Primera Causa, es Infinito; y es difícil imaginar cómo un poder infinito puede ser personal. Sin embargo, el alma anhela un universo que responda, y el corazón desea un Dios que atienda sus deseos.

Eliminar la idea de Dios como una Inteligencia personal y dejar solo una Ley fría priva al individuo de su mayor derecho, dejándolo desnudo en una Eternidad sin atracción.

Pensar en el Universo solo como Ley hace de Dios un principio frío y amargo, carente del calor que el alma desea.

Esta dificultad desaparece al entender que la Ley de la Mente es una fuerza natural, y detrás de ella hay una Inteligencia que responde y un Espíritu que conoce, que es Dios, el Padre de todos, que responde a todos.

Consideraremos la Mente como Ley y a Dios como Amor; usaremos la Ley y amaremos al Espíritu que trabaja a través de ella. Así, no perderemos nada, sino que veremos que el camino hacia la libertad es a través del Amor y la Ley.

Jesús, Guía Supremo

Jesús emerge en la historia humana como una de las figuras más influyentes de todos los tiempos. Sus enseñanzas ofrecen lecciones invaluables para la humanidad, y su vida y acciones en la tierra sirven como un ejemplo inspirador para todos.

En el ámbito del Pensamiento Superior, no buscamos minimizar la grandeza de Jesús ni contradecir sus enseñanzas. Al contrario, este movimiento se fundamenta en sus palabras y acciones, reconociéndolo como el principal guía para la humanidad. Hasta que surja una figura aún más significativa, Jesús seguirá siendo el gran orientador y salvador de nuestra especie.

Por lo tanto, en lugar de perder tiempo en debates teológicos sin fin, sigamos su ejemplo realizando acciones similares a las que Él realizó. "Las obras que yo realizo, Él también las hará; y mayores que estas hará, porque voy al Padre".

Esencia de la Vida

Lo fundamental que todo buscador de la verdad debe entender es el concepto de la autoexistencia. Cualquier entidad que sea la causa primaria debe existir por sí misma; de lo contrario, no podría existir. Puede parecer complicado aceptar que exista una fuerza que simplemente es, pero este es el pilar de todo esfuerzo metafísico correcto.

Debemos confiar en ese Poder de Vida e Inteligencia que es Dios o la Causa Primaria. Cada vez que pensamos, estamos interactuando con esta Causa Primaria. Si necesitáramos reunir energía para activar el Principio Creativo de la Vida, ¿dónde buscaríamos esa energía?

Siempre regresamos a la idea fundamental de que la Vida ya existe y que utilizamos un Poder que ya es. Confiemos plenamente en esta Gran Receptividad para que realice su labor sin dudas ni miedos.

El Poder de la Afirmación

Aunque parezca sorprendente, el pensamiento humano solo puede afirmar, nunca negar. Incluso al negar, se afirma la existencia de aquello que se niega.

A menudo consideramos las negaciones y afirmaciones como opuestas, pero en realidad, no lo son. El miedo y la fe son simplemente diferentes formas de expresar creencias positivas. El miedo es una creencia positiva de que algo no deseado sucederá, mientras que la fe es la creencia positiva de que algo deseado ocurrirá.

La naturaleza del Ser impide una negación real, ya que solo existe una Mente en el Universo, siempre afirmando. Estamos constantemente afirmando nuestro camino en la vida; por lo tanto, debemos encontrar y usar las afirmaciones más poderosas.

La afirmación más poderosa es "YO SOY", una frase que ha sido fundamental para muchos, incluyendo a Moisés. Esta afirmación está siempre presente y debemos utilizarla como una fuerza edificante.

Espíritu y Propósito

El Espíritu de Cristo representa a quien entiende la Ley y la utiliza para construir. Por otro lado, el espíritu del Anticristo usa la Ley de manera destructiva.

La Ley en sí misma es neutral, obedecida por todos y utilizable para cualquier propósito. Sin embargo, quienes verdaderamente comprenden la Ley nunca la usarán destructivamente, ya que entienden que esto les sometería al mismo poder que han movilizado.

Existe una fuerza a nuestro alrededor que puede usarse de manera constructiva o destructiva; quienes están instruidos en la verdad la emplearán solo para el bien común. Advertimos con firmeza a quienes usen su poder de manera irresponsable.

Mientras nuestros pensamientos se mantengan alineados con el Bien, el Amor y el Espíritu, y siempre busquemos construir, no hay peligro. La Ley es una herramienta de libertad para quienes la usan de manera constructiva. Todo lo que promueve una mayor expresión de la vida, sin elementos destructivos, es beneficioso.

No dudemos en usar la Ley para nuestros asuntos personales, ayudar a amigos o a quienes nos soliciten ayuda, siempre con cuidado de hacerlo de manera constructiva.

Camino de la Evolución

Todo emerge de aquel cuya existencia siempre está presente y cuya vida, manifestada en innumerables formas, se refleja en toda la creación.

La creación es el resultado natural de la vida expresándose. Es la manifestación del Espíritu en lo tangible, exteriorizando una idea interna mediante la materialización de una imagen subjetiva.

La unidad fluye a través de todo, manifestándose en diversas formas impulsadas por un impulso divino que las hace nacer y buscar una expresión mayor gracias a una fuerza dinámica.

Este es el verdadero propósito de la evolución: es el resultado de la inteligencia, no su causa.

Cada ser en evolución lleva dentro un impulso divino; y dado que la Divinidad es infinita y perfecta, llevará toda la creación hacia una manifestación perfecta.

Lo que a ojos humanos parece imperfecto solo lo es porque nuestra visión es limitada; no percibimos la idea real detrás de la imagen externa.

Existe una filosofía que sostiene que Dios está en constante cambio, intentando demostrarlo a través de la evolución. Sin embargo, esta idea no es coherente con la verdadera realidad, ya que un Dios en "devenir" no tendría la fuente de su impulso para existir y expresarse.

Un Dios que evoluciona no concuerda con la verdadera filosofía, mientras que un Dios que se despliega eternamente sí lo hace.

Decir que Dios se desarrolla a través de Su idea de sí mismo es diferente a decir que gradualmente toma conciencia de sí mismo. Una es verdadera y la otra no.

Un Dios que "deviene" implica imperfección, mientras que un Dios que se despliega es eterno y perfecto. El desarrollo de esta Causa Primaria es lo que llamamos evolución, y aunque aún no está completo, aquellos que han visto más allá de la materia comprenden su perfección.

Estos grandes místicos han dejado al mundo un valioso legado de leyes, moral y ética, que solo podrá ser comprendido plenamente por la humanidad con el tiempo.

La evolución es el proceso continuo mediante el cual una idea se desarrolla hacia una manifestación superior; como las ideas son realidades divinas, la evolución nunca terminará.

Meditaciones Diarias para el Bienestar

En estas breves meditaciones, comparto ideas basadas en mis experiencias de sanación mental. He encontrado que unas pocas afirmaciones simples, seguidas de una meditación silenciosa, son muy efectivas para la curación.

La mayoría de las meditaciones están escritas en primera persona para que puedas utilizarlas directamente.

No se busca que estas palabras tengan un poder oculto, sino que fomenten una mayor comprensión de la vida. Contienen pensamientos que me han sido de gran ayuda.

Pruébalas y observa cómo aportan un significado más profundo y mayor alegría a tu vida. Cualquier práctica que aumente tu comprensión de la vida tiene un poder curativo. Estas meditaciones te ayudarán si dedicas tiempo a ellas.

Primero, elige una meditación; luego, permanece en silencio y calma. Relaja tu cuerpo, manteniendo tu mente activa. Lee la meditación varias veces, entendiendo cada palabra y entrando en el ambiente del pensamiento. Después, medita sobre las palabras hasta sentir una realización.

Ven y Déjate Sanar

Ven a mí y permíteme sanarte.

El poder interior de la Vida en mí es Dios, capaz de curar todo.

Sanaré y ayudaré a quienes acudan a mí.

La realización de la Vida y el Amor en mí cura a quienes están cerca.

Bendigo silenciosamente a todos los que entran en mi espacio.

No soy yo, sino el Padre que mora en mí; Él actúa.

Sanaré a quienes se acercan a mí.

Él Tiene el Poder de Sanar en Mí

Dios en mí tiene el poder de sanar.

Me cura de todas mis enfermedades y dolores.

Dios dentro de mí me está sanando y trayendo consuelo a mi alma.

Dios es mi vida; no puedo enfermarme.

Escucho la Voz de la Verdad que me dice que me levante y camine, porque estoy sanado.

Estoy sanado.

No Llevo Enfermedades

No heredé la tendencia a la enfermedad ni la mala salud.

He nacido del Espíritu Puro y estoy libre de creencias materiales.

Las ideas falsas no se transmiten, y estoy libre de sugestiones negativas.

Mi Vida viene de Arriba, y recuerdo que siempre fui Perfecto y Completo.

Una Luz Interior brilla, liberándome de falsas creencias.

Vengo del Espíritu.

Sin Congestión

No hay obstrucción en la acción.

La vida fluye a través de mí, perfecta y clara.

No puede ser detenida ni obstaculizada.

Siento la Vida Única fluyendo en mí.

Elimina impurezas y me limpia de creencias falsas.

Soy Limpio, Puro y Perfecto; mi Palabra lo elimina todo.

No hay congestión.

No Hay Crecimiento Falso

"Toda planta que mi Padre Celestial no haya plantado, será desarraigada".

No hay crecimiento falso ni necesidad de alimentarse. Estoy libre de pensamientos falsos o temibles.

Rechazo todo miedo y sus manifestaciones.

Una idea falsa no es persona, lugar ni cosa, y nadie la cree o la experimenta.

Soy Uno con la Vida Perfecta y Completa.

Mi Palabra expulsa todo miedo.

No Hay Cansancio

No hay cansancio.

Mente y Espíritu no se fatigan, y Yo soy Mente y Espíritu.

La carne no se cansa, ya que no tiene mente propia.

Estoy libre de la ilusión del cansancio.

Todo mi ser responde al pensamiento de la Vida.

Estoy lleno de la Gran Vitalidad del Espíritu.

Vivo de espíritu.

Curación Perfecta

Mi audición es perfecta.

Es Dios en mí escuchando Su voz.

Oigo Esa Voz, y ninguna creencia en la inacción puede impedirlo.

No hay órganos dañados.

Cada parte de mi cuerpo funciona perfectamente según la Ley Divina.

Abro mis oídos para escuchar.

Soy receptivo a la Verdad y la entiendo.

Abro mis oídos para oír.

Visión Perfecta

Tengo una visión perfecta y la capacidad de ver claramente.

Mis ojos están abiertos y contemplo una Vida Perfecta.

Ninguna visión imperfecta puede afectar mi pensamiento.

Sé que todos pueden ver, y el Uno, observando a través de todos, ve sin limitaciones.

Soy uno con la completa capacidad de ver, conocer y comprender la Verdad.

Abro mis ojos y veo.

Nada puede impedir que esta Palabra opere en mí y se manifieste a través de mis ojos.

Abro mis ojos para ver.

El Ojo que Todo lo Ve

El Ojo del Espíritu nunca se oscurece ni pierde su capacidad de ver.

Mis ojos son las Ventanas de mi Espíritu Interior, siempre abiertos a la Verdad.

Veo con la Visión del Espíritu, una capacidad inquebrantable y efectiva.

La Palabra que hablo ahora es la Ley de la Visión Perfecta, y mis ojos están abiertos y ven.

El Espíritu ve a través de mí.

La Curación del Cuerpo

Mi cuerpo es la manifestación del Espíritu.

Se mantiene perfecto mediante la Ley de Dios.

"En mi cuerpo veré a Dios".

Mi cuerpo es perfecto y completo aquí y ahora.

Es uno con el Cuerpo de Dios, y no puede enfermar ni sufrir.

Mi cuerpo es perfecto.

No Hay Dolor

No hay dolor ni inflamación.

Todo miedo se desvanece con la realización de la Verdad.

Estoy libre de creer en el dolor.

El Espíritu no siente dolor, y yo soy Espíritu Puro, invulnerable.

Estoy libre de todo dolor.

Felicidad y Completitud

Soy feliz y completo hoy y siempre.

Dentro de mí reside lo Perfecto y Completo.

Es el Espíritu de toda Vida, Verdad y Acción.

Soy feliz al conocer la Luz Interior.

No puedo estar triste, sino que irradio Alegría y Vida,

Porque la Vida está dentro de mí ahora.

Soy feliz y completo.

Aquí y Ahora

La perfección ya existe.

No es necesario esperar una Vida Perfecta.

Tú eres esa Vida Perfecta en este momento.

Hoy manifiestas una Vida Ilimitada llena de Bienestar.

Hoy expresas tu Plenitud en cada aspecto de ti.

Hoy estás libre.

En este instante, te encuentras sanado.

Calma Majestuosa

Tu Mente Interior está en silencio.

Tu Alma refleja la esencia suprema.

El Espíritu humano es divino.

En la profunda tranquilidad del Bien Supremo,

Encuentras paz y seguridad.

Tu vida refleja el Todo Perfecto ahora.

Eres Paz; Eres Calma.

Eres seguridad y completa satisfacción.

Eres Uno con lo Divino.

Estás lleno de serenidad.

No Hay Pérdida

No existe la pérdida.

Nada puede extraviarse ni olvidarse.

Nunca hubo confusión ni pérdida.

La Creación es Perfecta y Completa, y en la Unidad reside todo, todo es conocido.

Ahora vives en total armonía con el Todo, sin perder ni extraviar nada.

Constantes aumentos de Bien te acompañan.

Sabes que no hay pérdida.

Expresando la Maravilla

¡Cómo anhelo una lengua que exprese las Maravillas que el Pensamiento revela!

¡Deseo una Palabra que abarque ideas ilimitadas!

Ojalá una Voz pudiera armonizar con la Vida.

Pero en el vasto reino del pensamiento, donde tu alma se encuentra con lo Divino, el Espíritu sabe.

Escucharás esa Voz que habla de Vida, Amor y Unidad.

Habla, Espíritu.

Alma, Asómate y Mira

Alma mía, asómate y observa; mira hacia arriba y reconoce tu libertad.

No te desanimes; eleva tu espíritu y alégrate, porque tu Salvación ha llegado.

Contempla las maravillas del Todo y del Universo.

Mira hacia fuera y ve tu Bien. No está lejos, está cerca.

Prepárate para aceptar y creer; para conocer y vivir.

Deja que la Vida entre y viva a través de ti, alma mía, y celebra tu visión completa y bella.

Regocíjate de que el Todo Perfecto se refleje en ti.

Tu luz ha llegado.

Viendo lo Perfecto

Tus ojos contemplan lo completo y perfecto en toda la Creación,

"En todo, sobre todo y a través de todo".

Ves la perfección; nada más capta tu atención, sin espacio para la alteridad.

Solo reconoces lo perfecto y completo.

Ahora eres perfecto y completo.

Ves el Bien.

El Círculo está Completo

El Círculo del Amor está completo.

Abarca, incluye y une todo con la Unidad Eterna.

No te puedes separar de Su Presencia ni de Su cuidado.

Tu Amor es completo dentro de ti.

El Amor Divino te une y nunca te soltará.

Creas un hogar para este maravilloso Amor, viajando juntos por la vida.

Te sientas en Su Presencia y aprendes sus maravillas;

Porque Él es lo Divino.

El Amor reside en ti.

Las Cosas que Son

Las cosas que existen, existieron y siempre existirán.

El tiempo, el azar y el cambio no perturban tu pensamiento.

Lo inmutable permanece, y lo atemporal nunca cesa.

Las cosas que son continuarán, aunque el cielo y la tierra cambien.

Descansas seguro en la Vida de Perfección y Compleción sin fin.

Todo tu Ser responde a la Realización del Todo Completo.

Eres lo que Es.

Un Canto de Esperanza

Tu Vida está en la Presencia Interna.

Al mirar, la esperanza florece en realización.

Oh Esperanza dentro de ti, evidencia eterna del Bien,

Te sostienes completamente en el amoroso abrazo,

Y de esta caricia nace la seguridad, la confianza y el amor.

Tu esperanza está en lo Divino.

Estate Quieto y Conoce

"Estate quieto y reconoce que Soy Divino".

Te mantienes quieto en Su Presencia.

Estás tranquilo y en paz, confiando en lo Divino.

Una gran calma inunda tu ser al reconocer Su Presencia.

Tu corazón lo sabe, oh Divino interior.

Está quieto en Su Presencia, confiando plenamente en Él.

En Su Presencia permaneces tranquilo.

Desecha Toda Duda

Desecha toda duda, alma mía, y no temas, tu poder viene de lo Alto.

Aquel que está en los cielos será tu protector;

No debes temer; ven, Espíritu, desde tu interior y exprésate a través de mí, sin dejar que las dudas te alejen.

Tu fe te buscará, y tu confianza te abrazará.

Tu pensamiento te dará la bienvenida en tu hogar de Amor,

Y la alegría os acompañará eternamente.

Abandonas todo temor y duda.

Compañía Divina

Tienes un Amigo Interno que camina y habla contigo cada día.

No está lejos, sino dentro de ti, un compañero constante.

Nunca te sentirás solo, porque tu Amigo siempre está cerca.

Solo necesitas hablar y Él responde.

Antes de que tus palabras salgan, Él te habló de su amor.

Oh amable Amigo, tu presencia es tan querida.

El Espíritu en ti es tu Amigo.

Su Ojo Está en el Gorrión

"Su ojo está sobre el gorrión y sabe que te vigila".

Este pensamiento es bendito, porque significa que nunca te alejas de Su presencia ni de Su cuidado.

Siempre velará por ti y te consolará.

Siempre te encontrarás en Su hogar, siempre cuidado.

El Ojo que Todo lo Ve no pasa por alto a nadie, todos son protegidos.

Todos están bajo Su cuidado.

La Esperanza no Puede Morir

La esperanza nunca muere. La Esperanza Eterna siempre está viva y fresca en ti; una esperanza inmortal basada en el conocimiento seguro.

Oh Esperanza Sublime, Oh Vida Suprema, vienes a ti como un niño cansado, y reavivas en ti los fuegos de la Fe.

Fuerte, rápida y segura, la Fe actúa y todo tu Ser se eleva hacia la Aurora.

Esperanza, Fe y Amor están en ti.

No Estoy Solo

No estás solo, porque una Presencia te acompaña diariamente en tus viajes.

Siempre encuentras a este Compañero Divino contigo.

Él no te abandonará ni te dejará ir solo.

Siempre está cerca y provee para todas tus necesidades.

Tu vida está unida con lo Divino.

Fui a la Montaña

Has descubierto un Lugar Secreto en tu interior, donde el pensamiento sube a una montaña por encima del ruido del mundo.

Has hallado en esta montaña un Lugar de Paz y descanso,

Un lugar de alegría y consuelo para el corazón.

Descubriste que el Lugar Secreto Divino está en tu Alma.

Escucharás Su Voz.

La Alegría del Alma

Tu Alma se regocija al reconocer la Vida.

Te alegras al contemplar tu Luz interior;

No puedes estar triste, porque el Bien te ha reclamado.

Oh Alma, regocíjate y alégrate, tu Luz ha llegado y tu Día de Salvación está cerca.

Permanece tranquila y contempla al Divino.

Refleja Su revelación e infúndete con Su maravillosa Luz.

Te regocijas en tu Vida interior.

Libertad

Sé que la Verdad te ha liberado del miedo.

No tienes temor. Adoras lo Divino dentro de ti; confías y vives en una esperanza sin miedo; eres Espíritu Libre.

La Vida que fluye en ti es Perfecta y Completa. No estás separado; eres Uno en Unidad y Libertad con el Todo Completo.

Naciste libre y debes permanecer así. La realización de tu libertad impregna todo tu ser.

La amas, la adoras, la aceptas.

Eres libre.

Libertad del Pecado

Estás libre de creer en el pecado; no existe pecado ni pecador.

No hay juicio contra nadie.

Lo Divino no condena, y tú tampoco.

Todo temor al pecado ha desaparecido; las creencias en castigo son irreales.

No aceptas tales ideas, las percibes como mentiras.

Estás libre de mentiras y engaños.

Vives por el Único Poder, sin pensamientos perturbadores.

No hay pecado ni pecador.

Libre de Sensibilidad

Tus sentimientos no pueden ser heridos.

Nadie desea dañarte, y no crees en ninguna separación del Todo Bien.

Sientes unidad con todo, el círculo es completo y perfecto.

Amas a tus amigos y ellos te aman a ti, este amor es divino y no puede ser dañado.

Estás lleno de alegría y amor, para siempre.

Cumplo la Promesa

Cumples la promesa que te hiciste.

Nunca más te dirás que eres pobre, enfermo, débil o infeliz.

No te mentirás, sino que cada día hablarás la verdad a tu Alma interior, diciéndole que es maravillosa; que es Uno con la Gran Causa de Vida, Verdad, Poder y Acción.

Susurrarás estas verdades hasta que tu Alma cante de alegría al reconocer sus ilimitadas posibilidades.

Aseguras tu Alma.

El Amor Brilla a Través de la Niebla

A través de la niebla del miedo humano, el amor brilla y guía hacia la libertad.

Declares que eres libre de toda esclavitud.

Eres perfecto y completo al conocer la Vida Real dentro de ti.

Ninguna ilusión perturba tu pensamiento.

Sabes que hay un Poder que te protege de todo daño.

Como el Amor Perfecto expulsa el miedo, tu temor huye ante la Verdad.

No tienes miedo.

No Hay Vigilancia

No hay ataduras ni limitaciones.

Cada parte de ti se mueve en armonía y libertad perfecta.

No puedes ser atado ni detenido,

Eres Espíritu Libre, y tu poder viene de lo Alto.

No hay inacción ni acciones falsas,

Eres completamente Libre.

Eres Libre.

Sin Condena

No hay condena en ti ni operando en ti.

Eres libre de creencias o pensamientos ajenos.

Sigues tu propio camino, inmune a la condena.

Solo permites pensamientos que tú aceptas.

No recibes pensamientos negativos.

Solo pensamientos útiles y vitales entran en ti.

No hay condena.

Ningún Hábito Falso

No tienes hábitos viciosos ni falsos.

Cada deseo de tu pensamiento y corazón se satisface en la Verdad.

No anhelas ni sientes falta de nada.

Estás completo, perfecto, feliz y satisfecho en ti.

Eres Uno con Toda Vida en ti.

Eres libre.

No Hay Hipnotismo ni Falsa Sugestión

No existe hipnotismo ni falsa sugestión.

Eres una Mente Unificada que no puede actuar en contra de sí misma ni de ti.

Eres inmune a sugestiones y no albergas pensamientos falsos.

Estás rodeado de Amor y Protección.

Despierto o dormido, estás libre de pensamientos falsos.

Ves la ausencia de creencias o miedos ajenos, sabiendo que solo la Mente Unificada puede actuar.

Solo el Bien entra en ti.

Sin Errores

No hay errores; nunca ha habido ni habrá.

Nada en el pasado te ha obstaculizado o dañado.

No existe el pasado, y sabes que ninguna creencia pasada te afecta.

Vives en el Ahora, libre de cualquier ayer o mañana.

Ahora eres Feliz, Libre y Completo.

Tu Palabra borra todas las creencias en errores y te libera.

¡Eres Libre!

Eres libre de cualquier creencia en el pasado.

No Hay Responsabilidades

El Espíritu no tiene responsabilidades.

Su trabajo está realizado y Sus propósitos cumplidos.

El Espíritu no conoce necesidad ni miedo.

Está completo en Sí mismo y vive en Su Ser.

Eres Espíritu y no puedes asumir los miedos del mundo.

Tu obra está hecha y tus caminos se enderezan.

El camino de la Vida es infinito en Satisfacción y Alegría Perfecta.

Tu Vida es Completa y Perfecta, sin preocupaciones ni cargas.

Es Espíritu Libre y no puede ser atado.

Te regocijas en esa Libertad.

Te regocijas en la libertad.

Ha Llegado la Hora

El momento ha llegado.

Tu poder interior surge y se expresa a través de tu palabra.

No esperas más; hoy es el momento.

Hoy entras en la Verdad; hoy estás completamente libre, sanado y feliz.

Hoy accedes a tu herencia.

Hoy la Verdad te ha liberado.

Dentro de Tu Ley Está la Libertad

Dentro de Tu Ley está la libertad para todos los que creen.

Crees en Tu Ley y amas Tus preceptos.

Sabes que Tu Ley es perfecta y deleita tu Alma, iluminada con Tus Palabras de Poder.

Tu Ley es completa libertad para ti y para todos los que la reciban.

Hablas la Palabra de libertad a todos, y todos la aceptan.

Eres libre en Tu Ley.

Belleza

Contemplas lo Bello y lo Agradable.

Tus ojos solo ven belleza.

No verás ni creerás en nada más.

Sabes que la belleza ha entrado en tu vida y siempre estará.

Solo ves lo bello.

La Amistad del Espíritu y del Hombre

La Amistad entre el Espíritu y el hombre es tuya ahora y para siempre.

Ves innumerables amigos a tu alrededor.

Entras en esta amistad con alegría.

Recibes a tus amigos.

Él Quiere que Tú Seas

Fue lo Divino quien quiso que existieras.

No tienes preocupaciones ni cargas.

Recuerdas el gran mandamiento:

"Vengan a mí todos los que están cansados y agobiados, y yo les daré descanso".

Vienes a la Luz y todas las preocupaciones caen cuando dejas que

La Luz de Sabiduría guíe tus caminos.

Él quiere que seas; por eso, eres.

Yo Sirvo

Sirves al mundo.

Esperas en lo Divino en todos los hombres;

Llamas a la gloria de lo Alto a través de las mentes de todos.

Obedece la voluntad de lo Eterno.

Haces las obras de lo Divino.

Tu Señor interior ordena y tú obedeces.

Haces el bien a todas las personas.

No Dudaré ni Temeré

No dudaré ni sentiré miedo, pues mi salvación proviene de lo Alto y su llegada está cerca.

Confío plenamente en la Vida que se manifiesta dentro de mí y a mi alrededor, respondiendo a cada aspecto de mi ser.

Las Huestes del Cielo me esperan y la Ley Universal es mi refugio. No temeré.

Vivir y Amar

Me enseñaron a vivir con amor, a reír y a encontrar alegría en cada momento.

Aprendí a permanecer en calma y a reconocer el Poder Supremo que todo lo abarca.

Permito que ese Poder actúe en mí y a través de mí, creyendo en esa voz y recibiendo mi Bien.

Ahora disfruto de una vida llena de alegría.

La Ley Divina

Reflexiono sobre la Ley de Dios, una Ley perfecta que trabaja en mí y a través de mí.

Al hablar conforme a esta Ley, se manifiesta en mi ser. Tu Ley reside en mi corazón.

Amor Interno

El Amor Benevolente fluye dentro y alrededor de mí, encontrándose con todos en mi entorno.

Irradio amor a todos y este fluye a través de todos. Mi Amor es Perfecto.

El Amor Vence el Miedo

El Amor supera al miedo, disolviendo toda duda y liberando al cautivo.

Como un río de Vida, el Amor fluye por mí, refrescándome con bendiciones eternas.

El Amor es valiente y poderoso, logrando todo a través de la Luz de la fe en el Bien.

El Amor expulsa todo temor.

Mis Asuntos

Mis asuntos están en manos de Aquel que guía los planetas y hace brillar el Sol.

La Sabiduría Divina me asiste en mi camino, sin obstáculos en mi labor.

Todo lo que hago es expresar la Vida, controlado por una Inteligencia Perfecta.

Mis Negocios

Mis asuntos son dirigidos por la Inteligencia Divina, que sabe exactamente qué hacer.

Dejo que actúe en mi vida, prosperando y expandiéndose continuamente.

Mis asuntos están en Sus manos, manejados por Amor y Sabiduría.

Mi Profesión

Mi profesión es la manifestación de la Gran Mente a través de mí, conectada constantemente con la Realidad.

Estoy inspirado por ideales elevados y mi pensamiento es iluminado por la Sabiduría.

Sin Retrasos

No existen retrasos en el Plan Divino para mí. Nada puede impedir la Ley en mi vida.

Las obstrucciones se eliminan y entro en la manifestación completa de mis deseos.

La Ley me acompaña en cada paso, haciendo realidad mis aspiraciones.

Sin Falsedades

Nadie puede mentirme ni engañarme. Vivo en la Verdad y solo la Verdad me habla.

Reconozco lo real y no puedo ser desviado; la Verdad me guía siempre.

No Hay Obstáculos

No hay barreras en mi camino. Mi palabra elimina cualquier pensamiento de obstáculo.

Lo que declaro se manifiesta inmediatamente, viendo su perfección y completitud.

Acción Perfecta

No hay exceso ni falta en la Ley Divina; todo se mueve en armonía perfecta.

Cada parte de mi ser actúa conforme a esta Ley de Vida Perfecta, en completa paz y armonía.

Uno con la Acción Perfecta

Soy Uno con la Acción Perfecta. Mis acciones fluyen correctamente a través de mí.

La Acción del Todo opera constantemente en mí, guiándome a hacer lo correcto siempre.

Paz, Equilibrio y Poder

La Paz, el Equilibrio y el Poder residen en mí, reflejando el Espíritu de Verdad y Sabiduría.

Estoy en calma, y todo a mi alrededor responde a esta serenidad interior.

Quietud y Receptividad

Estoy en calma y abierto a la Vida, permitiendo que fluya a través de mí en todo lo que hago.

He alcanzado el Lugar Secreto del Alma, donde reina la quietud y Dios me habla.

Acción de Gracias y Alabanza

Agradezco a mi Vida Interior por sus maravillas y obras. Canto con alegría sabiendo que estoy en una Vida Perfecta.

Las Promesas Divinas

Todas las Promesas Divinas se cumplen sin cambio. Dios asegura que mi Vida es Perfecta y nunca estaré solo.

Vivo bajo Su Protección y Amor por siempre.

La Luz Interior

La Luz del Cielo brilla en mí, iluminando mi Camino. Es una Luz Perfecta que emana de un Amor perfecto.

La Noche en Paz

Me cubro de Amor y duermo en Paz. La Paz permanece conmigo toda la noche, y al amanecer, estoy lleno de Vida y Amor.

El Sello de Aprobación

El Sello de Aprobación está sobre mí, sin temor al mal, pues el Gran Juez controla mis actos.

La Verdad guía mi alma, y Dios me aprueba.

El Camino Secreto

Existe un Camino Secreto del Alma, el Camino de la Paz y el Amor, que lleva a la alegría y al bien.

Camino este camino hacia el Lugar Secreto del Altísimo, que reside dentro de mí.

El Camino Resplandeciente

El Sendero de la Vida brilla hacia el Día Perfecto. Camino hacia la Puerta del Bien, cumpliendo mis deseos.

Recibo bendiciones diarias, regocijando mi Alma en el Bien.

Las Cosas que Necesito

Todo lo que necesito viene del Bien. La Inteligencia Divina provee lo necesario en el momento preciso.

Recibo mi Bien diariamente, protegido en mi derecho a la libertad y felicidad.

El Camino Claro

El Camino está claro ante mí, sin vacilar ni caer. Camino en la Vida Perfecta, llena de Paz y Alegría.

La Luz del Amor guía mis pasos.

Cuando el Amor Entra

Con el Amor, el miedo desaparece. Estoy lleno de Amor, protegido por una Inteligencia Perfecta.

El Amor perfecto expulsa todo temor.

Él te Guardará

Mi Espíritu Interior, que es Dios, me protege de todo mal. Confío en Su presencia y no temo ante problemas.

Vida Infinita

Vida infinita en mí, Dios, guía mis pasos y camino. Estoy gobernado por una Inteligencia Infinita y un Poder Omnipotente.

Soy guiado hacia el Bien, la Paz y la Felicidad.

Mis Pies No Vacilarán

Mis pies están seguros en el camino de la Vida, guiados por el Espíritu Eterno.

Estoy dirigido hacia el Bien por Su guía.

Ningún Mal Te Acontecerá

Ningún daño te llegará, pues una Presencia Divina guía tu camino hacia el Bien.

Dios es tu Guardián y protege tu vida.

Poder para Vivir

Tengo el poder de vivir bien, proveniente de lo Alto, inquebrantable.

El Poder fluye en mí, siempre presente, permitiéndome vivir plenamente.

El Círculo de Amor

Un círculo de amor me rodea, protegiéndome de todo mal con el Amor de Dios.

Estoy libre de miedo, rodeado y protegido por el Amor.

El Círculo de Protección

Creo un círculo de amor y protección a mi alrededor, impidiendo que el mal entre.

Dentro de este círculo, encuentro consuelo y seguridad en Dios.

El Poder Interior Bendice a Todos

El Poder en mí bendice a la humanidad, sanando a quienes contacto.

Este Poder actúa silenciosamente, ayudando a todos a través de mí.

La Respuesta Rápida

Mi respuesta viene rápida y segura de lo Alto, confiando en la Ley Universal.

No dudo ni temo, pues la respuesta siempre llega.

Una Canción de Alegría

Canto una canción de alegría, celebrando la Vida y el Amor.

Mi canción refleja el maravilloso viaje del Alma y la infinita Vida.

Nacido del Día Eterno

Soy un Hijo de Todo Bien, nacido del Día Eterno. Mi Alma es inmortal y perfecta.

Acepto mi totalidad hoy, viviendo en la calma del Amor y la Fe.

Me Levanto y Salgo

Me levanto con fe hacia un nuevo día, lleno de confianza y alegría.

Proclamo la Vida y declaro este día como Completo y Perfecto.

Inspiración

Invito a la Mente Infinita a inspirarme para grandes obras, guiándome hacia el Bien.

Siento la inspiración del Espíritu, llenándome de Luz.

El Amanecer ha Llegado

El Amanecer ha llegado, llenándome de confianza y fuerza.

Camino hacia el nuevo día, renovado por el Espíritu Vivo en mí.

Mi luz ha llegado, iluminando mi camino sin temor, gracias al Amor perfecto.

ESTOY COMPLETO EN TI

Tú, Ser Supremo, Espíritu Eterno, Creador de todo y Protector de mi Vida, eres el Todo.

Tu Presencia infinita vive en mí; eres la Alegría Suprema que todo lo llena. Te adoro.

Siento tu Paz Eterna, serena y tranquila.

Oh, que habitas en la Eternidad y en toda la Creación, viviendo en todas las cosas y personas, escucha mi oración.

Entraré en tus puertas con gozo y habitaré en tu Hogar en paz.

Deseo descansar en ti y vivir en tu presencia.

Haz que siga tu voluntad y enséñame los caminos de la Verdad desde tu sabiduría.

Oblígame a seguirte y no permitas que siga mis propios consejos.

Oh Presencia Bendita, ilumina mi mente y dirige mi voluntad para renovar mi alma y mi vida.

Así como lo profundo llama a lo profundo, mi pensamiento te llama y tú respondes.

Estoy renovado por tu amor y completo en ti.

Mis caminos están guiados y viviré contigo eternamente.

Amante de mi Alma y Guardián de mi Espíritu, somos Uno y nadie nos separa.

Tu Sabiduría me guía, tu Presencia habita en mí, tu Amor me protege y tu Vida me envuelve ahora y siempre.

Descanso en ti.

Presencia Y Confianza

Una maravillosa sensación te envuelve cuando esperas en el Bien, aguardando con paciencia.

Una Presencia Invisible se desliza sobre tus pensamientos, y la Voz Divina te dice: "No temas".

Todo tiene un propósito; confía cuando no puedas ver. El Bien vendrá a ti, pues Dios es tu Compañero y Protector.

Confía plenamente en el Bien y en el Poder del Espíritu. No hay dudas ni miedos que puedan impedir que el Bien se manifieste en tu vida.

Tu Vida y tu Bien son completos. El Mal no puede tocar tu obra. Descansa seguro, porque tu Mente Única es tu refugio y fortaleza. Estás sereno y confiado.

Atraer Y Aceptar El Bien

Atraes el Bien en tu Camino de Vida, y nada lo aleja. El Bien siempre te seguirá. Acéptalo y alegra que esté contigo.

"No temerás al mal, porque el Bien siempre está contigo, guiándote y consolándote. La Luz siempre brilla sobre la oscuridad. Dentro de ti hay una fuerza que te protege de todo daño."

Conocimiento Y Sabiduría Interior

Siempre has conocido la Verdad, y ningún miedo puede quitarte tu conocimiento interior. Tu sabiduría diaria proviene de lo Alto y el Espíritu te guía.

Hoy te encuentras con tu Bien, que nunca te apartará. El Bien está siempre contigo, visible y palpable, llenándote de Vida.

Tu atmósfera atrae el Bien, creando paz, equilibrio y poder. Quienes te rodean se fortalecen y bendicen con tu calma.

Tu Bien es completo y siempre está listo para manifestarse. Lo aceptas con alegría y lo reconoces como tu compañero diario.

Tus seres queridos también vendrán a ti, atraídos por tu Espíritu interior. No puedes separarte de tu Bien, que siempre te encuentra y te acompaña.

Reflexión Del Alma Y Paz

Tu Alma refleja la Vida del Bien Supremo, regocijándose en su presencia. Desde las profundidades de la vida, tu Alma ha clamado y ha sido escuchada, encontrando Vida Interior y Amor.

La Gran Alegría llena tu Alma, haciendo que toda tristeza huya. Estás lleno de paz y felicidad, sabiendo que nada se pierde ni se aleja de ti.

Plenitud Y Luz Interior

La Sustancia del Espíritu es tu Suministro Diario. La corriente de Vida fluye hacia ti, trayendo felicidad y plenitud. Descansas seguro, sabiendo que el Bien Infinito está dentro de ti.

La Vida es eterna y todo el Poder es tuyo. La Verdad y el Amor del Universo fluyen a través de tu Alma.

Siempre tienes acceso a tu Dios Eterno dentro de ti, siendo Vida Inmutable.

Morada Del Amor Y Libertad Espiritual

Vives en la casa del Amor, llena de paz y calma eterna. El Amor te asiste y la alegría te espera en el "Lugar secreto del Altísimo". Tu hogar está construido por el Amor y siempre está presente.

Tu Espíritu libre dentro de ti brilla, iluminando tu camino. Sigues su luz hacia la perfección, aprendiendo de sus secretos y viviendo en libertad y plenitud.

Conexión Con El Divino

Tu Alma refleja la Vida Divina, contemplando su rostro para siempre. Desde las profundidades, tu Alma ha clamado y ha encontrado consuelo en la Presencia del Bien.

La voz de la Verdad te guía y te mantiene en el camino correcto. Escuchas su voz, llena de alegría y paz, que te tranquiliza y te llena de gozo.

Alegría Y Sabiduría

La alegría vive contigo, llenándote de Espíritu y felicidad. No puedes estar triste en la presencia del Bien. Te entregas a él, encontrando plenitud y alegría eterna.

Toda la Sabiduría proviene de tu interior, siendo guiado por el Espíritu hacia el Bien. Tu Mente está conectada con la Luz Interior y no puedes esconderte de ella.

Amor Y Protección Divina

El Amor Divino te envuelve, protegiéndote y llenándote de vida. Nunca estarás solo, pues una presencia te guía y te fortalece en cada paso.

La Voz de la Verdad te habla y te guía, manteniéndote en el camino perfecto. El Espíritu dentro de ti fluye, limpiando pensamientos falsos y llenándote de Vida Completa.

Tu Cristo Interior guía tus pasos hacia la Verdad y la Sabiduría, libre de preocupaciones y perfeccionado.

Tus brazos eternos te sostienen, llenándote de vida y alegría. No estás solo, siempre hay alguien contigo que te guía y te acompaña en el camino.

Manto De Amor Y Verdad

El Amor te envuelve como un manto cálido, protegiéndote de las tormentas de la vida. Aceptas este amor divino, abriéndote a sus bendiciones.

La Voz de la Verdad te habla y te guía en cada momento, siempre desde lo alto. Dios te habla, guiándote con su sabiduría y amor.

El Observador de la Verdad

Dentro de mí existe un observador que conoce la verdad y me impide caer en la falsedad. Mi guía interna me orienta constantemente hacia lo correcto y lo mejor en mi vida. Nunca estaré sin este acompañante espiritual, pues lo reconozco y lo acepto como mi compañero del alma. El espíritu que habita en mí ahora está completo y perfecto.

A Través de las Noches de Vigilia

Durante las largas noches de vigilia, has estado a mi lado. En los rincones oscuros de la ignorancia, tu mano me ha guiado. Tu luz ha transformado el camino desolado en una tierra de abundancia. Te he sentido desde lejos, y mi alma te ha deseado profundamente. El espíritu dentro de mí me ha llevado hacia mi objetivo sin desviarme. He sido protegido en este largo viaje, y tu presencia se ha hecho evidente para mí. Despierto renovada y regreso a mi hogar espiritual, vestida de paz y llena de luz. El espíritu de la verdad me cuida siempre.

Tu Fuerza es Suficiente

Oh espíritu que habita en mí, tu poder es inmenso y tu conocimiento supera la comprensión humana. Tu sabiduría es incomparable y no hay otro fuera de ti. Vivo y camino cada día con tu fuerza; en tu presencia, siempre encuentro paz y alegría. Espíritu dentro y fuera de mí, eres poderoso y grande; tu poder es asombroso y tu entendimiento, completo. Permito que tu fuerza fluya a través de mí en todos mis esfuerzos. Mi vida interna se manifiesta a través de mí.

Esperando en Ti

Esperar en ti significa vivir plenamente. Confío en mi guía interior, escucho tu voz y sigo tu voluntad. Al esperar, escucho tu mensaje: "Sé perfecto, sé completo; vive, ama, alégrate". Me siento en la quietud y dejo que mi guía hable.

Quien Debe Llegar ya Está Aquí

Ha llegado quien debía venir. Ha hecho de mí su hogar y nunca se alejará. Ya no camino sola, pues alguien camina conmigo, conoce el camino de la vida y sus pasos son firmes. Mi luz interior atraviesa la niebla de las creencias humanas, liberándome del miedo y las limitaciones. Caminaremos juntos, aprendiendo los caminos de la vida y la libertad. Desde hoy, nadie nos separará, pues estamos unidos en una unidad eterna. Yo camino contigo.

El Poder de la Palabra

Controle mi mente y elimino todo temor y duda. Permito que mi palabra expulse el miedo y eleve mis pensamientos hacia lo divino. Mi palabra disuelve el temor y la duda, guardando mis pensamientos para recibir solo lo bueno y perfecto. Yo manejo mi vida.

Mi Palabra Regresa a Mí

Mi palabra regresa a mí cargada de frutos. Es la ley para mi vida y para todo lo que digo. Mi palabra sana y bendice a la humanidad, anunciando la divinidad dentro de cada uno. A los necesitados les aseguro que no están solos y que siempre serán cuidados. Mi palabra bendice a los enfermos y brinda alegría a los infelices, rompiendo cadenas de prisión. Mi palabra regresa bendecida por Dios y la humanidad.

Mi Palabra Dará Fruto

La palabra que pronuncio da fruto. Cumple y prospera, nunca regresando vacía. Es ley para todo a lo que se dirige y siempre se realiza en el momento adecuado. Mi palabra es completa y perfecta, emanando la única mente presente en todo. Al hablar, sé que se cumplirá. Confío plenamente en que mi palabra se realizará en mi vida. Mi palabra es ley.

Nada Puede Impedirlo

Nada detiene mi palabra; actúa y se cumple sin obstáculos. Es ley para todo lo que se dice y se realiza en el momento oportuno. Mi palabra es completa y perfecta, reflejando la única mente que está en todo y a través de todo. Al hablarla, sé que se cumplirá. Confío plenamente en que se realizará en mi vida. Mi palabra es ley.

Di Tu Palabra

Habla sin temor. ¿No lo sabías? Tu divinidad está en ti, y tu palabra tiene todo el poder. El espíritu divino es tu espíritu, y la palabra de Dios es tu palabra. Tu libertad reside dentro de ti, y tu luz interna ilumina el camino. ¡Habla y sé libre! Anuncia tus obras con poder, y tu espíritu triunfará. Espíritu dentro de mí, habla.

El Poder de la Palabra

La palabra es un poder inmenso dentro de mí y a través de mí. Es una con el todo y siempre cumple sus propósitos. Mi palabra influye en todo lo que hago, digo o pienso. Es mi poder día y noche. Hablo con confianza en la gran ley de la vida para que se cumpla. Hablo con plena confianza.

Mi palabra es poderosa porque proviene del gran Dios en mí. Se cumplirá y prosperará, beneficiando a todos los que la invocan. Es una torre de fuerza, completa y perfecta ahora mismo. Mi palabra es la palabra de Dios.

La Verdad Inatacable y la Palabra Irresistible

La verdad dentro de mí es inatacable, y el poder de mi palabra es irresistible. Siento que mi palabra se manifiesta con poder y realidad, cumpliendo su propósito. Su poder es ilimitado y sus obras, maravillosas. Es el todopoderoso obrando en mí y a través de mí. Permito que esta palabra espiritual sane y bendiga al mundo, siendo una torre fuerte para quienes la invocan. La verdad es completa y perfecta dentro de mí ahora. Mi palabra es perfecta y completa.

Contemplo en Ti Su Imagen

Veo en ti la imagen de Dios y siento su presencia a través de ti. Veo su mano en la tuya y escucho su voz de amor. Sus líneas llegan a todos los lugares, y todos comparten su naturaleza. "Él es todo en todos, sobre todos y a través de todos". Percibo a Dios en cada persona.

Unidad

No percibo el mal; solo veo el bien. He visto tanto al borracho en la cuneta como al santo en éxtasis, pero no encuentro diferencia. Entiendo que todos buscan expresar una sola vida en su propio lenguaje. No separo ni divido, no condeno ni censuro, pues sé que todo proviene de uno y todos regresarán a uno. Todos están en uno y buscan expresar uno. Conozco y amo a todos.

Nunca Moriré

Nunca moriré, porque el espíritu en mí es Dios y es inmutable. Mi vida está dentro del universo de amor y luz, y esa luz es eterna. El miedo a la muerte y al cambio se aleja de mis pensamientos. Lo que soy no puede cambiar ni desaparecer. El espíritu eterno reside en mí, y la vida fluye a través de mí en paz y armonía. El tiempo solo añade más gloria a mi existencia. Mi vida es para siempre.

Amor al Mundo

Mi amor abarca todo el mundo. Amo toda la naturaleza y todo lo que existe. Mi amor ilumina y calienta todo lo que toca, extendiéndose por todas partes. El amor que fluye a través de mí es una fuerza para quienes lo reciben, y todos sienten y reconocen mi amor. El amor dentro de mí es completo y perfecto.

Mi Vida es Una con Dios

Mi vida está en Dios; nada puede dañarla ni obstaculizar su expresión. Dios vive y se manifiesta a través de mí; su obra es completa y perfecta en mí ahora. Sé que su vida es mi vida, y mi vida es completa y perfecta. Mi vida está en Dios.

No Hay Malentendidos

No existen malentendidos. Todo está claro en la bondad. Ninguna falsa separación puede surgir entre las personas ni perturbar la unidad de toda vida. Percibo que soy uno con todos y todos son uno conmigo. No hay separación.

El Plan Divino para Mí

El plan divino para mí es perfecto. Estoy sostenido en la mente de Dios como una expresión completa y perfecta de vida y verdad. Ningún poder puede obstaculizar ni dañar esta imagen interna de la realidad, porque es dada y protegida por Dios. Dios la dio y la guardará.

La Personalidad de Dios

La gran personalidad de Dios es mi personalidad; el conocimiento ilimitado del espíritu es mi conocimiento, y la mente única es mi mente. Todos viven en una persona infinita, manifestando al único que se forma a través de todos. El hombre es la personalidad de Dios en manifestación y siempre tiene al observador interno del espíritu. Ahora reconozco que la personalidad infinita del espíritu es la mía, y me regocijo en conocer la verdad sobre mí misma. Dios es mi personalidad.

La Irradiación de la Vida

La vida de Dios dentro de mí irradia luz constantemente para todos. La única vida que fluye a través de mí es para todos los que se acercan. El poder único que opera en mí fluye en todo lo que toco. La vida irradia de mí.

Unidad

Hoy entiendo que soy uno con el Bien Supremo; Dios y yo somos uno. No puedo ocultarme de Su presencia. Te contemplo, oh Altísimo, en mi ser. Tu lugar secreto está dentro de mí. Siento Tu presencia, escucho Tu voz y me regocijo en Tu luz. Hoy mi cuerpo responde al mandato divino: "Sé perfecto". Reconozco mi perfección y totalidad; ahora soy completo y perfecto. Que todo pensamiento de enfermedad se aleje y que Tu luz brille. Oh Luz Eterna, vengo a Ti con alegría y gratitud. Que así sea.

En Ti Hay Plenitud de Vida

En Ti reside la plenitud de la vida. En Ti está la alegría completa y la paz eterna. En Ti está todo. Tú estás en mí como yo estoy en Ti, y somos todo en todo. Mi vida es plena y completa dentro de mí, y comparto esa vida con todos gratuitamente. Recibo de vuelta lo que he dado, porque todo es uno en todos. Soy uno con la plenitud de toda vida.

A Manera de Cierre

Desde tiempos inmemoriales, la humanidad ha estado inmersa en una búsqueda constante por comprender su lugar en el cosmos. Holmes nos invita a mirar hacia adentro, a descubrir que el verdadero conocimiento no proviene únicamente de fuentes externas, sino que reside en nuestro interior. Este viaje hacia el autoconocimiento es esencial para desatar nuestro potencial creativo y espiritual. Al reconocer que somos parte de una Mente Universal, comenzamos a entender que nuestras experiencias son reflejos de nuestros pensamientos y creencias. La idea de que "somos lo que pensamos" se convierte en un mantra poderoso. Cada pensamiento es una semilla que germina en nuestra realidad. Por lo tanto, cultivar pensamientos positivos y constructivos no es solo un ejercicio espiritual; es un acto de creación consciente. Holmes nos recuerda que tenemos el poder de transformar nuestra vida al alinear nuestros pensamientos con los principios universales de amor, paz y abundancia.

Un tema recurrente en las enseñanzas de Holmes es la interconexión entre todos los seres vivos. En un mundo donde la división y la separación parecen ser la norma, su mensaje resuena con una claridad renovada. La comprensión de que todos estamos conectados a través de una Mente Universal nos invita a adoptar una perspectiva más amplia sobre nuestras relaciones y nuestro impacto en el mundo. Al reconocer esta interconexión, surgen nuevas posibilidades para la compasión y la empatía. Cada acción que tomamos tiene repercusiones más allá de nosotros mismos; cada palabra pronunciada puede ser un bálsamo o un veneno para quienes nos rodean. Este entendimiento nos impulsa a actuar desde un lugar de amor y responsabilidad, fomentando un sentido de comunidad que trasciende las fronteras físicas y culturales.

Holmes también desafía la noción tradicional de que ciencia y espiritualidad son opuestas. En su visión, ambas son complementarias y pueden coexistir armoniosamente. Los avances científicos en campos como la física cuántica están comenzando a validar lo que los místicos han sabido desde hace siglos: que hay una realidad subyacente que conecta todo lo existente. Este enfoque integrador nos anima a ver el mundo no como un lugar fragmentado, sino como un todo coherente donde cada elemento tiene su lugar y propósito. La ciencia se convierte así en una herramienta para profundizar nuestra comprensión espiritual, mientras que la espiritualidad proporciona un contexto más amplio para interpretar los descubrimientos científicos.

La premisa central de La Ciencia de la Mente es el poder del pensamiento para moldear nuestra realidad. Esta idea no solo es liberadora; también es profundamente empoderadora. Nos recuerda que somos los arquitectos de nuestras vidas, capaces de construir o destruir a través de nuestras elecciones mentales. Holmes enfatiza la importancia de ser conscientes de nuestros pensamientos y creencias limitantes. Al identificarlas y transformarlas, podemos abrirnos a nuevas posibilidades. Este proceso no es fácil; requiere valentía y dedicación para enfrentar las sombras dentro de nosotros mismos. Sin embargo, al hacerlo, descubrimos una fuerza interna capaz de superar cualquier obstáculo.

A medida que reflexionamos sobre las enseñanzas de Holmes, es evidente que su legado perdura en cada uno de nosotros. Las ideas del Nuevo Pensamiento han influido en movimientos contemporáneos de autoayuda y desarrollo personal, inspirando a millones a buscar una vida más plena y significativa. Sin embargo, el verdadero desafío radica en aplicar estos principios en nuestra vida diaria. No se trata solo de pensar positivamente o manifestar deseos; se trata de vivir con integridad y autenticidad, alineando nuestras acciones con nuestros valores más profundos.

Este epílogo no es solo un cierre; es una invitación abierta a continuar explorando las profundidades del ser. Las enseñanzas de Ernest Holmes nos ofrecen herramientas valiosas para navegar por los desafíos del mundo moderno con gracia y confianza. Al final del día, cada uno de nosotros tiene el poder no solo para transformar nuestras propias vidas, sino también para influir positivamente en las vidas de quienes nos rodean. Al abrazar nuestra conexión con la Mente Universal y reconocer nuestra responsabilidad personal en este proceso creativo, podemos contribuir a un mundo más armonioso y compasivo.

En esta conexión infinita entre mente y ser radica nuestro verdadero poder: el poder para crear, sanar y transformar tanto nuestras vidas como el mundo que habitamos.

Neville Jung

Printed by Libri Plureos GmbH in Hamburg, Germany